LECCIONES DE
SAINT GERMAIN Y LA LLAMA VIOLETA

El Libro de Oro del "YO SOY"

Un Libro Para Decretar, Sanar y Vivir en Abundancia Gracias al Poder Metafísico de la Llama Violeta, El "YO SOY" y La Sabiduría de los Maestros Ascendidos

Walter Atkinson

Conocimiento Perdido

Copyright © 2025 por Walter Atkinson

Todos los derechos reservados. Ninguna parte de este libro puede ser reproducida, distribuida o transmitida en cualquier forma o por cualquier medio, incluyendo fotocopiado, grabación u otros métodos electrónicos o mecánicos, sin el permiso previo por escrito del autor, excepto en el caso de breves citas incorporadas en reseñas críticas y ciertos otros usos no comerciales permitidos por la ley de derechos de autor.

Primera edición, 2025

Contenido

Introducción 1

Parte I: Fundamentos Históricos Y Metafísicos 5

1. El Enigma Del Conde Saint Germain 5

    Más Allá del Tiempo y el Espacio 6

    Encarnaciones Estratégicas 7

    Los Rayos de Luz y la Ciencia del Espíritu .. 8

    La Biblioteca del Universo 9

    Conexiones con Civilizaciones Ocultas 10

    Más Allá de la Historia 12

2. La Llama Violeta En Tradiciones Esotéricas 14

    Desde la alquimia medieval hasta la metafísica moderna 14

    El Poder de la Llama Violeta 15

    La Llama Violeta en los Misterios Antiguos 16

El Círculo Electrónico de Protección 18

Sabiduría Ancestral y el Séptimo Rayo 19

La Ciencia Espiritual de la Llama Violeta .. 20

3. Saint Germain como Maestro Ascendido 21

Saint Germain y la Jerarquía Espiritual 23

El Método de Enseñanza de Saint Germain 24

Saint Germain y la Energía Crística 26

La Coordinación de los Maestros Ascendidos 30

Parte II: Teoría Y Mecánica Energética 32

4. El Karma Y Su Transmutación 32

La Presencia "YO SOY" y la transmutación del karma 33

El Consejo Kármico y la reescritura vibratoria 35

Técnicas prácticas para la liberación del karma 36

Sanación kármica a nivel colectivo 38

Técnicas avanzadas de purificación 39

5. Los 7 Rayos vs. el 8° Rayo Blanco 41

La Naturaleza de los Rayos Cósmicos 41

Propiedades de Cada Rayo 42

El Octavo Rayo Blanco 44

El Papel de los Rayos en los Ciclos Cósmicos 45

La Jerarquía de los Rayos 46

Aplicación Práctica de los Rayos 46

6. El Cuerpo Energético 48

La energía electrónica pura y su efecto transformador 49

Centros energéticos secundarios y la activación con la Llama Violeta 50

La respiración como canal de energía 51

Los canales energéticos y la acción de la Llama Violeta 52

La Presencia "YO SOY" y su efecto en el cuerpo energético 53

El Antakarana y la Llama Violeta 54

Transformación vibracional del cuerpo y el aura 55

Parte III: Técnicas Prácticas 58

7. Decretos De Poder 58

El Poder del "YO SOY" 58

La Estructura de los Decretos Efectivos 59

Decretos para Situaciones Específicas 61

Uso Correcto de los Decretos 62

Decretos Multidireccionales 63

Decretos para Sanar Líneas Temporales 64

Protección y Transmutación 65

El Último Misterio de los Decretos 66

Ejercicios Prácticos 67

8. Visualización Para Contactar A
Saint Germain 81

Preparación para la Experiencia Interior 81

Atravesando el Umbral 83

El Corazón del Templo 84

El Ritual de Comunicación 85

Regreso a la Conciencia Ordinaria 86

Integración y Práctica Continua 87

Ejercicio en Detalle 88

9. Limpieza De Espacios, Objetos Y
Relaciones 98

Espacios Libres de Cargas Negativas 98

Elementos Como Canales de la Llama
Violeta 99

Limpieza de Objetos y Herramientas
Energéticas 100

Sanación de Vínculos Kármicos 100

Creación del Círculo de Protección
Energética 101

Ritmos Cósmicos y Purificación 102

- Protección y Purificación del Entorno 103
- Protocolos Prácticos De Limpieza Energética 104

10. El "Yo Soy" Como Llave Maestra 124

- El Poder Ilimitado de la Presencia "YO SOY" 124
- Aplicación Práctica del Principio "YO SOY" 125
- Decretos y Su Impacto 126
- La Presencia en Acción............................ 127
- Usos Prácticos del "YO SOY" 128
- La Presencia como Estado Natural 129

Parte IV: Aplicaciones En La Vida Diaria 131

11. Sanación Emocional Acelerada 131

- Transmutar traumas, miedos y adicciones 131
- El Poder del "YO SOY" en la Sanación Emocional 132
- Técnicas para la Transmutación Emocional 133
- Liberación del Odio y el Resentimiento ... 134
- Método Energético para la Liberación de Adicciones.. 135
- La Práctica del Perdón 136

Transmutación Profunda y Reprogramación Celular 137

Programa de 7 Días para Sanación Emocional Acelerada con la Llama Violeta 139

12. Abundancia Y Prosperidad 166

La Esencia de la Abundancia Verdadera... 166

Decreto Maestro para la Opulencia 167

Prácticas para la Manifestación de Prosperidad.................168

La Ley de Oferta y Demanda Espiritual....169

La Ley de Circulación y Expansión de la Riqueza......................170

Decretos Diarios De Prosperidad 172

13. Amor Y Relaciones Kármicas 187

Cortar lazos tóxicos y magnetizar parejas afines. 187

La Presencia "YO SOY" en Toda Relación 188

Envío Consciente de Amor: Transmutación Kármica 189

Técnica del Espejo Invertido 190

Atracción de Parejas.................................190

Liberación del Juicio y la Crítica 191

    Ritual de Disolución de Pactos 192

    Transmutación del Rencor y el
    Resentimiento 192

    Magnetización de un Amor Consciente.... 193

    La Ordenación de Relaciones Armoniosas 194

14. Protección Energética 196

    Escudos violetas contra ataques psíquicos y
    entidades 196

    El Círculo Electrónico de Protección 197

    Reforzar la Integridad del Campo
    Energético 197

    El Manto Ígneo: Protección Constante 198

    Neutralización de Energías Dirigidas 199

    Protección de Espacios y Hogares 200

    Protección Durante el Sueño 201

    Protección de la Tecnología y
    Comunicaciones 202

    El Escudo de Llama Violeta:
    Protección Permanente 203

    Protección para Niños y Personas
    Sensitivas 204

    Invisibilidad Energética y
    Protección Avanzada 204

15. Salud Física 207

La "Presencia YO SOY" como Fuente de Salud y Vitalidad 207

Respiración Consciente y Circulación de Energía 208

Técnicas de Regeneración Celular 209

Manos como Canales de Energía Sanadora 210

Protocolos para Enfermedades Específicas 211

La Resurrección y la Vida: El Decreto Supremo................212

Belleza y Rejuvenecimiento................213

Sanación Integral: Más Allá de la Dependencia Externa................213

Ejercicios Prácticos Para La Salud Física .214

Técnicas Específicas Para Sistemas Corporales 217

Parte V: Nivel avanzado 237

16. Manifestación Rápida 237

Combinar la Llama Violeta con la Ley de Atracción. 237

El Poder Precipitador del "YO SOY" 238

El Deseo y la Atención: Claves de la Creación 239

Técnicas para Acelerar la Manifestación .. 241

El Poder de la Expectativa 243

Liberarse de la Limitación del Tiempo 244

Precisión en los Decretos 245

17. Activación Del Cuerpo De
Luz (Merkaba) 247

La Presencia "YO SOY" como Fuente de
Iluminación 247

Técnica para la Activación del Merkaba .. 248

Etapas del Despertar del Merkaba 249

Convertirse en un Canal de Luz 251

Merkaba Colectivo: Geometría
de la Unidad 252

Expansión Celular y Conciencia
Multidimensional 253

El Merkaba y las Dimensiones Superiores 253

La Palabra Hablada como Llave de
Iluminación 254

18. Transmutación Colectiva 256

Sanar conflictos globales enviando Llama
Violeta a zonas en guerra 256

La Fuerza del Pensamiento Colectivo 257

Nodos Energéticos y su Influencia en la
Sanación Planetaria 258

La Influencia de los Rayos Cósmicos 259

Arquetipos Colectivos y su Transformación 260

Cooperación entre Practicantes 261

Meditaciones Sincronizadas 262

Invocación a Saint Germain y la Hueste Ascendida 262

Alineación con los Ciclos Cósmicos 263

La Expansión Exponencial del Trabajo Colectivo 264

Parte VI: Integración y testimonios 266

19. Crear Un Altar Personalizado 266

    La Geometría Sagrada del Altar 267

    El Círculo de Protección 268

    Elementos Claves del Altar 269

    Activando el Poder del "YO SOY" 270

    La Presencia de los Maestros Ascendidos. 270

    Ritual de Consagración 272

    La Conexión con los Rayos Cósmicos 273

    Activación Diaria y Evolución del Altar ... 273

20. Errores Comunes Y Cómo Evitarlos . 275

    Sobresaturar energías o usar la llama con ego 275

Sanación Física: Más Allá de los Diagnósticos............ 276

Prosperidad y Abundancia: Materializando una Nueva Realidad 277

Restaurando Relaciones: De la Discordia a la Armonía 278

Sanación Mental y Emocional: Rompiendo Cadenas 279

Despertar Espiritual: El Encuentro con la Luz Interior............ 279

Transformación Comunitaria: Elevando la Conciencia Colectiva 280

21. Casos De Estudio............282

22. Conexión Con Otros Maestros Ascendidos 288

Kuthumi, Serapis Bey y su sinergia con Saint Germain. 288

El Consejo Kármico y la Llama Violeta ... 290

Lady Portia y el Principio del Equilibrio .. 291

La Conexión con los Maestros Ascendidos y la Presencia "YO SOY" 292

Los Elohim y la Arquitectura de la Llama Violeta............ 294

El Ritual de la Triple Llama y la Activación Interior 295

La Maestría Interna y la Trinidad
de Luz..296

Cierre 297

Introducción

La mayoría de las personas transita la vida sintiéndose a merced de circunstancias que parecen escaparse de su control. Enfermedades que surgen sin una causa aparente, relaciones que se desmoronan sin remedio, escasez que persiste pese a todo esfuerzo. Nos han enseñado a creer que el cuerpo es frágil, que el karma es un peso inalterable y que el mundo material es rígido e inmutable. Pero ¿y si todo esto solo fuera el reflejo de una comprensión limitada? ¿Y si existiera un principio capaz de transformar la realidad misma?

Este libro no es un catálogo de creencias esotéricas ni un manual de rituales sin fundamento. Contiene un conocimiento práctico, resguardado a lo largo de los siglos por guardianes de la sabiduría y entregado sin velos al mundo a través de Saint Germain. Un conocimiento que demuestra cómo la Llama Violeta puede regenerar la existencia desde su estructura más íntima.

No hallarás aquí promesas vacías ni soluciones inmediatas que eludan la responsabilidad personal. Lo que se expone es un método preciso, basado en principios universales que han sido probados por quienes han tenido la determinación de aplicarlos. Lo que a primera vista podría parecer sobrenatural es, en realidad, una ciencia espiritual que explica la interacción entre la conciencia y la materia, entre la mente y la forma.

Iniciaremos con el reconocimiento del poder de la Presencia "YO SOY", no como un concepto abstracto, sino como la expresión suprema de la identidad que te une con la fuente creadora. No es algo ajeno a ti, sino la esencia divina que aguarda ser despertada mediante el decreto consciente.

Exploraremos la naturaleza del karma, desvelando cómo las experiencias acumuladas a lo largo de incontables existencias no son cadenas inquebrantables, sino energías que pueden ser disueltas mediante la acción precisa de la Llama Violeta. No se trata de eludir el aprendizaje, sino de acelerar la evolución, liberando patrones que han mantenido ciclos repetitivos en marcha.

El sistema energético del ser humano será abordado de manera funcional, como un mapa que permite alinear los flujos de luz y vitalidad. Cada centro de energía, cada canal sutil, cada filamento del campo áurico contiene códigos que influyen en la salud, la abundancia y las relaciones.

Descubrirás que el decreto consciente va mucho más allá de la repetición de afirmaciones. Es una orden vibratoria que, cuando se pronuncia con la autoridad del "YO SOY", reestructura la realidad a nivel atómico. No es sugestión ni optimismo vacío, sino la activación de un principio creador inherente a cada ser humano.

Las herramientas de protección energética que aprenderás no buscan resistir influencias externas, sino establecer un campo vibratorio donde la discordia no tiene cabida. La verdadera seguridad no se encuentra en la lucha contra lo negativo, sino en la expansión de la frecuencia personal más allá de su alcance.

Las prácticas de visualización y meditación con la Llama Violeta no son simples ejercicios de relajación, sino procedimientos precisos que reconfiguran la matriz energética de la existencia. Cuando la llama actúa, el pasado deja de dictar el presente, y el futuro se abre a posibilidades antes impensables.

Lo que antaño se ocultó en símbolos alquímicos, lo que las escuelas de misterio preservaron en textos encriptados, lo que los antiguos iniciados de Egipto y la Atlántida sabían sobre la transmutación de la conciencia—todo converge en la enseñanza de Saint Germain sobre la Llama Violeta.

Walter Atkinson

Parte I: Fundamentos Históricos Y Metafísicos

1. El Enigma Del Conde Saint Germain

Los pasillos de Versalles vibraban con una energía singular cuando él hacía acto de presencia. Sin título nobiliario que lo respaldara, la mera existencia del Conde de Saint Germain parecía doblar el tejido de la realidad. Entre cortesanos y aristócratas, desplegaba conocimientos que desafiaban toda lógica convencional. Sus palabras, más que simple oratoria, constituían un sortilegio capaz de detener el tiempo y abrir portales de entendimiento en quienes prestaban verdadera atención. El propio Luis XV lo escuchaba con la reverencia de un discípulo, fascinado por sus relatos sobre alquimia, transmutación y los poderes latentes en la conciencia humana.

El enigma de su origen sigue intacto. Algunos aseguran que nació en Transilvania en el siglo XVII, mientras que otros sostienen que su linaje proviene de tiempos aún más remotos, vinculándolo con los círculos místicos de Alejandría o con las escuelas de sabiduría de Oriente. Pero la cuestión de su nacimiento es irrelevante frente a la verdad más profunda: Saint Germain no pertenece a una sola época, sino a múltiples capas del tiempo, donde cada manifestación suya no es una simple encarnación sino una proyección consciente en distintas líneas de realidad.

Más Allá del Tiempo y el Espacio

Saint Germain entendía el tiempo no como una sucesión de eventos, sino como una construcción mental susceptible de ser reconfigurada. Para él, decir "YO SOY" no era una simple afirmación, sino un reconocimiento del principio divino en acción, la llave que le permitía moverse libremente entre épocas y espacios. "Donde está tu conciencia, ahí estás tú", enseñaba, explicando que la capacidad de manifestación no depende de las circunstancias externas, sino del dominio sobre la energía que fluye a través de la mente.

Los relatos de su presencia en distintas cortes europeas y en momentos históricos clave no eran el resultado de fenómenos sobrenaturales, sino de su profundo conocimiento de las leyes superiores. Mientras la historia lineal buscaba encajarlo en fechas y documentos, su realidad trascendía cualquier registro convencional.

Encarnaciones Estratégicas

La huella de Saint Germain no se limita al siglo XVIII. Su paso por la humanidad se remonta a figuras que, en distintos momentos, sembraron conocimientos cruciales para el desarrollo de la conciencia colectiva. Como Francis Bacon, plasmó en textos cifrados los principios de una sociedad iluminada. Como Roger Bacon, en la Edad Media, ocultó en tratados científicos claves alquímicas para trabajar con la luz y la vibración.

Incluso su supuesto papel como Cristóbal Colón guarda una intención mayor: más que descubrir tierras, buscaba reconectar antiguas energías que habían sido fragmentadas tras la caída de civilizaciones anteriores. Sus mapas contenían coordenadas precisas para la reactivación de nodos energéticos, puntos donde la geometría sagrada aún resonaba con los vestigios de un conocimiento perdido.

Cada encarnación fue un eslabón en una cadena de influencia deliberada. Como Samuel, ayudó a establecer linajes que más tarde manifestarían niveles superiores de conciencia. Como alquimista en Europa, su presencia se volvió un punto de anclaje para aquellos que estaban listos para recibir enseñanzas sobre la transmutación interior.

Los Rayos de Luz y la Ciencia del Espíritu

Uno de los secretos mejor guardados de Saint Germain era su dominio sobre los Rayos Divinos, corrientes de energía utilizadas tanto para la enseñanza como para la materialización de conocimiento en planos sutiles. A través de estos rayos, podía conectar con sus discípulos más allá de las barreras físicas. "La Luz en su esencia es conciencia en acción", explicaba, revelando que todo aquello que consideramos sólido es simplemente energía en distintas frecuencias de vibración.

Este principio no solo le permitía manifestarse en diferentes lugares simultáneamente, sino también guiar a otros en el proceso de transmutación de sus propias realidades.

La Biblioteca del Universo

Saint Germain tenía acceso a los registros akáshicos[1], la memoria universal donde todo queda registrado. No solo podía consultar estos archivos, sino que dominaba el arte de reconfigurar patrones energéticos en ellos,

---

[1] Registros akáshicos: Campo de energía sutil que contiene toda la información y experiencias del universo desde su creación, accesible para seres de elevada conciencia o mediante estados meditativos profundos.

permitiendo la transmutación de eventos pasados cuyo eco aún afectaba el presente.

Quienes estuvieron cerca de él narraban episodios extraordinarios: en presencia de la duquesa de Chartres, al relatar una escena de la época de Cleopatra, los aromas y sonidos de Egipto parecieron materializarse en el salón. Estos eventos no eran trucos, sino la capacidad de proyectar directamente desde la memoria cósmica.

Su trabajo con la Llama Violeta iba más allá de la teoría. Durante eclipses y momentos clave de alineación energética, guiaba grupos de iniciados en el proceso de liberar bloqueos colectivos, disipando memorias tóxicas acumuladas en la historia humana.

Conexiones con Civilizaciones Ocultas

La figura de Saint Germain también está ligada a civilizaciones avanzadas, tanto intraterrenas como extraterrestres. Sus viajes a Shamballa[2], la ciudad etérica oculta en planos superiores, le permitían acceder a conocimientos resguardados desde la antigüedad. También se le vincula con Telos[3], la ciudad cristalina bajo el Monte Shasta, donde seres avanzados mantienen encendida la Llama Violeta en su forma más pura.

Los registros de la Hermandad de los Siete Rayos[4] mencionan su influencia en monasterios ocultos en los Andes, donde técnicas de respiración y trabajo energético permitían prolongar la vida y transformar la materia. En estos lugares, su presencia no era un mito, sino

---

[2] Shamballa: Reino mítico mencionado en tradiciones budistas y teosóficas, considerado un centro espiritual oculto donde se preserva la sabiduría universal y habitan maestros avanzados que guían la evolución de la humanidad.

[3] Telos: Ciudad subterránea mítica que, según tradiciones esotéricas modernas, alberga a los descendientes de la antigua Lemuria. El Monte Shasta, en California, es considerado un portal energético y punto de acceso a esta civilización avanzada.

[4] Hermandad de los Siete Rayos: Organización espiritual vinculada a la tradición de los maestros ascendidos, dedicada al estudio y aplicación de las energías cósmicas representadas por siete corrientes vibratorias distintas que influyen en la evolución espiritual.

una realidad tangible para aquellos que sabían cómo percibirla.

Más Allá de la Historia

Saint Germain desapareció oficialmente en 1784, pero su rastro siguió manifestándose en diferentes momentos clave de la historia. Avistamientos en el Monte Shasta, encuentros con esoteristas en el siglo XIX y manifestaciones en círculos iniciáticos indican que su trabajo continúa, operando en niveles que trascienden la percepción ordinaria.

Los escritos que dejó contienen claves cifradas sobre la relación entre la vibración, la conciencia y la transformación de la materia. Comprenderlos requiere más que un análisis intelectual; exige una apertura de conciencia que permita descifrar los códigos ocultos en sus enseñanzas.

La historia recuerda al Conde como enigma; el iniciado lo reconoce como promesa. Entre los pliegues de sus apariciones y desapariciones yace un mensaje codificado: la transmutación del ser no es privilegio de místicos legendarios, sino derecho natural de quien comprende las leyes del "YO SOY". Así, mientras los siglos continúan acumulando polvo sobre documentos y testimonios, la esencia viva de Saint Germain permanece accesible para cualquier conciencia que se atreva a reclamar su propia maestría.

2. La Llama Violeta En Tradiciones Esotéricas

Desde la alquimia medieval hasta la metafísica moderna

Transmutación, no destrucción—ese fue siempre el secreto guardado por los antiguos alquimistas. Mientras el mundo creía que buscaban convertir metales en oro, su verdadera labor consistía en despojar la conciencia de sus cargas más densas. El fuego que ardía en sus crisoles[5] representaba la misma llama que debía purificar el espíritu, refinando emociones y pensamientos tal como se purifica un metal impuro. Ya en aquellos manuscritos herméticos, copiados con tinta mezclada con polvo de

---

[5] El crisol es un recipiente hecho de material refractario utilizado en alquimia para fundir metales a altas temperaturas. En la tradición esotérica, simboliza el proceso de transformación y purificación interior que debe atravesar el iniciado.

amatista, se vislumbraba la esencia de lo que hoy conocemos como la Llama Violeta.

En los laboratorios de Florencia, los adeptos estudiaban la manera en que el fuego podía alterar la estructura de la materia, pero también cómo ciertas frecuencias podían disolver patrones de sufrimiento arraigados en el alma. En la penumbra de sus estudios, los mapas estelares y los diagramas de esferas vibracionales revelaban que el espectro violeta no era solo un color, sino un principio de transformación. En Toledo, donde la sabiduría antigua confluía con la erudición árabe y judía, algunos iniciados utilizaban lentes de cuarzo violeta para enfocar la luz sobre mapas geodésicos, limpiando lo que hoy podríamos llamar nodos de energía.

El Poder de la Llama Violeta

La esencia de la Llama Violeta es su capacidad para transmutar. No es solo un símbolo, ni una simple imagen mental; es una fuerza viva que actúa en los planos visibles e invisibles. Saint Germain lo expresa con claridad: "La Llama Violeta es la actividad consciente de la

Divinidad en acción". Al pronunciar "YO SOY la Llama Violeta Transmutadora", uno pone en marcha un proceso de transformación en el cual todo lo que ha sido limitado, denso o caótico se purifica y regresa a su estado original de armonía.

Este fuego no destruye ni anula; no borra lo que existe, sino que lo eleva. Es la manifestación del Séptimo Rayo, el principio de la Ceremonia, el Orden y la Transmutación, cuyo poder se hace más presente en esta era. Su fórmula es simple, pero profunda: "YO SOY la Magna Llama Consumidora que ahora y para siempre disuelve todo error, su causa y su núcleo".

La Llama Violeta en los Misterios Antiguos

Antes de que la alquimia europea la describiera en sus tratados, este fuego sagrado ya era conocido bajo otros nombres. En los Misterios Órficos[6] de la antigua Grecia, los iniciados lo

---

[6] Los Misterios Órficos constituían cultos de iniciación en la antigua Grecia basados en las enseñanzas atribuidas a Orfeo.

llamaban "Nyctelios", el fuego nocturno que disolvía las ataduras del alma. En Eleusis, en medio de un profundo silencio solo interrumpido por liras de siete cuerdas, los neófitos eran guiados a través de la oscuridad hasta una llama púrpura que emergía desde el centro de una flor de loto dorada.

Quienes presenciaban esta luz hablaban de un renacimiento[7] instantáneo, de la sensación de haber dejado atrás una piel vieja, como si una parte de ellos hubiera sido disuelta en el fuego para renacer más ligera. Plutarco, iniciado en estos misterios, escribió que "el alma experimenta en el momento de la muerte la misma impresión que quienes son iniciados en los grandes misterios", una referencia velada al poder transmutador de esta energía.

En las tumbas de los iniciados, se colocaban tablillas de oro con frases crípticas que servían

---

Estos rituales secretos buscaban purificar el alma y prepararla para experimentar revelaciones divinas y trascender el ciclo de reencarnaciones.

[7] El renacimiento espiritual se refiere a una transformación profunda de la conciencia que implica la muerte simbólica de aspectos limitantes del ego y el surgimiento de una percepción expandida de la realidad y del verdadero ser.

como llaves vibracionales. Una de ellas decía: "Soy hijo de la Tierra y del Cielo Estrellado, pero mi linaje es solo del Cielo". Se creía que al pronunciar estas palabras con la entonación correcta, se activaba un escudo de protección violeta alrededor del alma viajera.

El Círculo Electrónico de Protección

Además de su poder para disolver la densidad, la Llama Violeta puede ser utilizada como una barrera energética impenetrable. Saint Germain enseña: "YO SOY el Gran Círculo de protección invencible". Este círculo, más que una imagen mental, es un campo vibratorio que repele cualquier energía discordante que intente penetrarlo.

Para activarlo, basta con reconocer que "YO SOY la única Presencia actuando aquí". Al hacerlo, se establece un escudo donde nada ajeno a la armonía puede entrar. Es una herramienta esencial en tiempos de intensa purificación planetaria, cuando las fuerzas de transformación se aceleran y es necesario mantener la estabilidad interna.

Sabiduría Ancestral y el Séptimo Rayo

El conocimiento de esta energía no se limitó a una sola civilización. En los templos mayas, los sacerdotes custodiaban códices donde los ciclos de regeneración estaban marcados con pigmentos violáceos. En Palenque, la tumba del rey Pakal muestra relieves en los que el gobernante asciende por un conducto flamígero de tonalidad violeta, representando su tránsito hacia dimensiones superiores.

En Copán, estelas de piedra registran alineaciones entre la Tierra, Venus y las Pléyades, indicando momentos en que la vibración violeta se intensifica en el planeta. Los chamanes de las tierras mayas aún utilizan cristales de amatista y flores de pasionaria[8] en ceremonias, explicando que estos elementos capturan la luz violeta del cosmos, facilitando la sanación y la elevación espiritual.

---

[8] La pasionaria (Passiflora) es una planta considerada sagrada en diversas tradiciones chamánicas. Sus flores, con una compleja estructura que simboliza la pasión de Cristo, se utilizan en rituales para inducir estados alterados de conciencia y facilitar visiones espirituales.

La Ciencia Espiritual de la Llama Violeta

Aunque su naturaleza es profundamente mística, la Llama Violeta actúa conforme a principios energéticos precisos. "YO SOY la Ley del Perdón y la Llama Consumidora de toda inarmonía", dice Saint Germain, enfatizando que esta energía es más que una creencia: es una herramienta consciente que puede ser utilizada con exactitud.

Toda condición restrictiva es, en última instancia, energía que ha sido mal calificada. Al comprender esto, se puede dirigir la Llama Violeta hacia cualquier aspecto de la vida, permitiendo su transformación. Saint Germain instruye: "Visualízate de pie en medio de una llama violeta que se eleva desde tus pies, pasando por encima de tu cabeza". Este simple acto no es una fantasía, sino un mecanismo de reestructuración vibratoria que, al aplicarse con intención, tiene efectos tangibles.

3. Saint Germain como Maestro Ascendido

Más allá de jerarquías espirituales, Saint Germain desempeña una función esencialmente alquímica en el despertar planetario. Su misión consiste en transformar energías superiores en principios prácticos y accesibles para la conciencia humana. Cuando en 1775 estableció la Sociedad de los Elegidos de Évora, no pretendía crear una orden secreta más, sino tejer una red energética destinada a transmutar patrones kármicos colectivos. Cada miembro recibía una impronta de fuego violeta en el chakra laríngeo, convirtiéndose así en un canal capaz de irradiar frecuencias elevadas durante tiempos de revolución y conflicto.

Su ascensión[9] en 1684 no fue un retiro del mundo físico, sino una expansión de su

---

[9] Ascensión: Proceso de transformación espiritual donde un ser humano eleva su frecuencia vibratoria hasta trascender las limitaciones físicas, alcanzando un estado de maestría que le permite operar conscientemente en múltiples dimensiones simultáneamente.

presencia. Durante un ritual en Transilvania[10], su cuerpo se desmaterializó en una espiral de luz violeta, no como un acto de desaparición, sino como una transición a una forma más sutil. Desde entonces, ha sido visto en distintos momentos y lugares, como en Versalles (1789), Monte Shasta (1930) y Caracas (1954), manifestándose simultáneamente en diferentes puntos del planeta. Como Chohán[11] del Séptimo Rayo, no ejerce autoridad desde un plano etérico, sino que es la propia corriente de la Llama Violeta en acción, transmutando energías densas en materia prima para una nueva era.

---

[10] Transilvania, región histórica de Rumania, ha sido considerada en tradiciones esotéricas como un punto de convergencia de líneas telúricas y portales dimensionales, razón por la cual numerosas órdenes iniciáticas establecieron templos y lugares de poder en esta zona.

[11] Título que designa a un maestro ascendido responsable de supervisar la actividad de uno de los siete rayos cósmicos. Este cargo implica la transmisión de cualidades espirituales específicas y la guía de discípulos alineados con ese rayo.

Saint Germain y la Jerarquía Espiritual

Su trabajo dentro de la Gran Hermandad Blanca no es un cargo de poder, sino una función de servicio. Su papel como Chohán del Séptimo Rayo lo convierte en un facilitador de transformación, guiando la conciencia humana hacia la libertad espiritual. Su relación con otros Maestros Ascendidos se basa en la cooperación y el propósito compartido, más allá de cualquier jerarquía rígida.

Jesús lo expresó con claridad: "Cuando dije: 'YO SOY la puerta abierta que ningún hombre puede cerrar', me refería a la Presencia Divina en cada ser humano. No hablaba de mí como Jesús, sino del principio eterno que habita en todos." Esta enseñanza resume la esencia del mensaje de Saint Germain: el despertar del Yo Soy como clave de la evolución espiritual.

El Templo de la Libertad en el Monte Ávila[12] no es un edificio físico, sino un campo energético diseñado para recalibrar la estructura vibratoria del ser humano. Sus paredes de cuarzo ahumado emiten impulsos cargados con la frecuencia de la Llama Violeta, alineando los ritmos biológicos con procesos de purificación profunda. Quienes meditan en su interior no reciben información en palabras, sino una reconfiguración celular que les permite sostener nuevas frecuencias de conciencia.

El Método de Enseñanza de Saint Germain

Su enseñanza no se transmite mediante libros o canalizaciones, sino a través de vibraciones que transforman la mente subconsciente. Cuando en 1930 entregó las "Pláticas del Yo Soy" a Guy Ballard, no compartió una filosofía, sino una

---

[12] Monte Ávila: Formación montañosa en Venezuela considerada un punto de anclaje para energías espirituales elevadas. En enseñanzas esotéricas, alberga un templo etérico donde se resguardan conocimientos para la liberación de la conciencia humana.

frecuencia capaz de reprogramar la percepción de la realidad. Cada decreto Yo Soy activa un mecanismo en el cerebro, convirtiendo afirmaciones en realidades tangibles. Los Guardianes de la Llama[13] no son discípulos en el sentido tradicional, sino puntos de una red de conciencia que amplifica la vibración planetaria.

Jesús explicó esta idea de manera sencilla: "Los Maestros no pueden resolver los problemas de los estudiantes, solo pueden enseñarles las leyes que les permitirán gobernar su propia vida." No es el Maestro quien elige al discípulo, sino que es el propio discípulo quien, a través de su vibración, se vuelve receptivo a la enseñanza. No se trata de recibir ayuda externa, sino de recordar el propio poder interior.

---

[13] Guardianes de la Llama: Personas comprometidas con mantener activa la energía transformadora de la Llama Violeta mediante prácticas espirituales diarias. Forman una red energética global que sostiene y expande frecuencias elevadas en el planeta.

Su relación con la Era de Acuario no es una profecía, sino un proceso en desarrollo. La ceremonia del 1 de mayo de 1954, en la que recibió una corona de fuego blanco-violeta en el Retiro [14]de Royal Teton, marcó el inicio de una nueva fase en la evolución planetaria. Desde entonces, cada eclipse solar ha activado frecuencias que reescriben la estructura vibratoria de la Tierra. Fenómenos como las nubes lenticulares sobre centros de poder mundial no son simples formaciones atmosféricas, sino señales de estas actualizaciones energéticas.

Saint Germain y la Energía Crística

El enigma de su autoría en las obras de Shakespeare responde a un propósito iniciático. Sus textos contienen claves ocultas que

---

[14] Retiros: Santuarios energéticos establecidos por Maestros Ascendidos en ubicaciones específicas del planeta. Royal Teton, situado etéricamente en Wyoming, es considerado un centro de transmisión de enseñanzas espirituales y energías transformadoras.

convierten el arte en una herramienta de despertar. Cada obra representada en el Globe Theatre operaba como un portal de conciencia, utilizando la resonancia de la métrica poética para activar estados internos de transformación. "Hamlet" no es solo una tragedia, sino una guía de autoconocimiento disfrazada de teatro.

Su intervención en momentos clave de la historia siempre ha operado en niveles más sutiles. Cuando se presentó ante Washington en Valley Forge, no le ofreció consejos estratégicos, sino que activó en su ser el arquetipo del liderazgo inspirado. La firma de la Constitución de 1787 coincidió con configuraciones celestes que sellaron en el inconsciente colectivo la idea de soberanía espiritual.

Su relación con Napoleón fue un experimento de aceleración evolutiva[15]. Al activar en él

---

[15] Aceleración evolutiva: Proceso de intensificar el desarrollo espiritual mediante la activación consciente de capacidades latentes o memorias de encarnaciones pasadas para cumplir propósitos específicos.

memorias de su vida como Alejandro Magno, intentó crear un puente entre épocas para la unificación de Europa. Sin embargo, la falta de preparación interna del emperador evidenció los riesgos de manipular líneas temporales sin una purificación previa del ego. Esta experiencia permitió refinar los principios de la transmutación personal.

Su función actual como Regente de la Era de Acuario[16] consiste en administrar el Fuego Violeta como una herramienta de transformación global. Cada meditación colectiva sincronizada con su retiro en Royal Teton ajusta la red energética del planeta, facilitando la integración de frecuencias superiores. Lo que en apariencia se percibe como eventos climáticos extremos no son desastres, sino procesos de ajuste vibratorio para la evolución de la conciencia humana.

---

[16] Era de Acuario: Ciclo astrológico de aproximadamente 2,150 años marcado por transformaciones en la conciencia colectiva. Un Regente es un maestro espiritual encargado de supervisar y dirigir las energías cósmicas durante este período específico.

Jesús lo resumió en una enseñanza clave: "Solo hay una Presencia en el universo que puede resolver cualquier problema: el Yo Soy. Cuando vives en esa Presencia de manera constante y consciente, los problemas desaparecen porque entras en el estado donde no existen." Este principio es la base de la enseñanza de Saint Germain. Sus 33 decretos no son simples frases, sino fórmulas energéticas que resuenan con los 33 centros de luz del cuerpo humano.

Su legado no se mide en palabras, sino en la transformación silenciosa que está ocurriendo en la humanidad. Las corrientes energéticas que irradian desde sus retiros en Monte Shasta, Ávila y Transilvania están reconfigurando patrones en el ADN latente, despertando capacidades que antes permanecían inactivas. Los llamados niños índigo y cristal son los primeros reflejos de este cambio, anunciando una humanidad en proceso de despertar.

La Coordinación de los Maestros Ascendidos

Saint Germain no trabaja solo. Su labor forma parte de un esfuerzo coordinado con otros Maestros Ascendidos, quienes aportan cualidades específicas según las necesidades de la humanidad en cada etapa de su evolución. Como se expresa en los registros espirituales: "Cuando los estudiantes se convierten en receptores conscientes de esta energía, son bendecidos con asistencia superior." Aún falta mucho para que la humanidad comprenda la magnitud de esta colaboración, pero quienes logran sintonizar con estas frecuencias ya comienzan a experimentar sus beneficios.

¿Quién es realmente el Maestro Saint Germain? Tal vez la pregunta misma nos aleja del descubrimiento esencial. En los silencios entre los registros históricos y las tradiciones esotéricas, susurra una verdad incómoda para el ego: no vinimos a estudiar a Saint Germain—vinimos a convertirnos en él. Su aparente inmortalidad nunca fue el milagro; el verdadero prodigio reside en la alquimia que transforma al buscador en maestro, cuando el "YO SOY" despierta y reconoce su soberanía original.

Parte II: Teoría Y Mecánica Energética

4. El Karma Y Su Transmutación

Cada acción deja una huella, un eco que resuena a través del tiempo, moldeando circunstancias y carácter. El karma no es un castigo ni una recompensa, sino el reflejo exacto de la energía que emitimos. Saint Germain enseñó que este principio actúa en dos niveles: como arquitecto de experiencias externas y como modelador del interior de cada ser. La Llama Violeta no borra los registros kármicos, sino que los descompone en su origen, allí donde los patrones quedan incrustados en la memoria celular.

Cada pensamiento impulsado por el miedo, cada palabra pronunciada desde la duda y cada acto nacido del resentimiento quedan registrados en el cuerpo etérico como cargas energéticas incompletas. Estas acumulaciones, formadas a lo largo de innumerables vidas, crean un campo magnético que atrae situaciones afines. La clave para comprender el karma no está solo en los hechos, sino en la vibración que los origina. Dos personas pueden cometer el mismo error, pero si una lo hace sin plena conciencia y la otra repite un viejo patrón, el impacto de cada acción será distinto.

La Presencia "YO SOY" y la transmutación del karma

Cuando invocamos la Presencia "YO SOY", abrimos un canal directo a la energía pura del universo. Saint Germain lo expresa con claridad: "Cuando reconoces y aceptas el 'YO SOY' como la Magna Presencia en ti, tomas un gran paso hacia la liberación." Esta liberación incluye la disolución de cargas kármicas[17] acumuladas.

Toda energía mal calificada puede ser rectificada. Como explica Saint Germain: "No

---

[17] Las cargas kármicas son patrones energéticos resultantes de acciones, pensamientos y emociones no resueltos de vidas pasadas que continúan influenciando la existencia presente. Se manifiestan como tendencias, atracciones, rechazos y situaciones repetitivas.

hay sino un solo Amor, una sola Inteligencia, un solo Poder en el universo, y eso es Dios en acción en cada ser." Al invocar la Presencia "YO SOY", permitimos que esa armonía original reemplace los desequilibrios energéticos.

El proceso de transmutación comienza con la Ley del Perdón, principio esencial en la aplicación de la Llama Violeta. Para activarlo, se usa la afirmación: "YO SOY la Ley del Perdón y la Llama Consumidora de toda acción no armónica." Esta invocación moviliza la energía purificadora.

Los antiguos códices espirituales describen cámaras internas donde se almacenan registros kármicos, cada una vinculada a un centro energético del cuerpo. Por ejemplo, la base de la columna retiene memorias de abuso de poder, mientras que la garganta guarda las distorsiones causadas por palabras no redimidas. Aplicar la Llama Violeta con intención y precisión permite disolver estos registros en todos los niveles de conciencia.

El Consejo Kármico y la reescritura vibratoria

En los planos superiores, el karma se evalúa no por los actos en sí, sino por la intención que los originó. Un mismo hecho puede generar resultados diferentes según el nivel de amor o egoísmo con que fue realizado. La Llama Violeta no elimina el aprendizaje, pero sí transforma el sufrimiento en maestría.

Saint Germain señala un principio clave: "Si envías pensamientos de condena o enojo hacia otra persona, esa energía se graba en ella, pero también queda registrada en ti." Por eso, el perdón es indispensable: no solo libera a los demás, sino que nos libera a nosotros mismos.

Un decreto poderoso para alinear cualquier situación con la armonía universal es: "YO SOY la Presencia que ordena esta circunstancia conforme al Plan Divino." Con esta afirmación, entregamos el proceso a la inteligencia superior, permitiendo un reajuste sin interferencias personales.

Antiguos manuscritos describen métodos avanzados para la transmutación kármica a nivel familiar. Un ejemplo es la combinación de tonos vocálicos con secuencias numéricas específicas. Ciertos códigos, al ser pronunciados mientras se visualiza la Llama Violeta envolviendo el árbol genealógico, pueden liberar pactos heredados de generación en generación.

Técnicas prácticas para la liberación del karma

Saint Germain ofrece una enseñanza esencial: "Cuando reconoces que la Presencia 'YO SOY' es el único poder que puede armonizar cualquier situación, activas inmediatamente la Ley del Perdón." Sin este paso, muchos continúan atrapados en patrones repetitivos sin darse cuenta de que pueden ser liberados conscientemente.

Un método eficaz es declarar: "En el nombre de la Presencia 'YO SOY', ordeno que esta energía sea transmutada en Luz." Con esta afirmación, toda carga distorsionada regresa a su estado original de perfección.

Desde la perspectiva energética, los registros kármicos no resueltos aparecen como nódulos de luz fragmentada en el campo áurico. Estos núcleos de energía actúan como imanes de experiencias similares. Una técnica avanzada consiste en visualizar un remolino de Llama Violeta rodeando estas acumulaciones hasta disolverlas. Aquellos con mayor sensibilidad pueden incluso sentir estos puntos de resistencia en el cuerpo, indicando zonas donde el karma aún no ha sido liberado.

Saint Germain advierte que enfocar la atención en los conflictos sin intención de sanarlos solo refuerza su efecto. Como enseña: "Quien dirige su pensamiento a estas acumulaciones sin transmutarlas, las atrae nuevamente a su vida." Por ello, mantener una vigilancia consciente es fundamental en este trabajo.

Sanación kármica a nivel colectivo

Los patrones kármicos no solo afectan a los individuos, sino también a grupos, sociedades e incluso naciones. Guerras, crisis económicas y enfermedades globales son reflejos de deudas colectivas. A través del uso de la Llama Violeta, es posible acelerar la resolución de estos patrones para que su expresión en el mundo físico sea menos drástica.

En grupos de meditación avanzada, se emplean estructuras geométricas de luz violeta para enviar pulsos de transformación a la conciencia planetaria. Esto no elimina los eventos, pero sí suaviza su impacto, permitiendo que las lecciones se asimilen con menos sufrimiento.

Una práctica recomendada por Saint Germain es afirmar con determinación: "No acepto otra realidad que la Perfección de Dios en mi vida y en el mundo." Con esta postura consciente, evitamos quedar atrapados en las creaciones kármicas colectivas que limitan el potencial humano.

Técnicas avanzadas de purificación

En ciertas tradiciones espirituales, se ha observado que el karma se manifiesta incluso en la salud del cuerpo físico. Muchas enfermedades crónicas contienen información sobre patrones de desequilibrio acumulados a lo largo de distintas vidas. La aplicación dirigida de la Llama Violeta en los canales energéticos del cuerpo puede liberar estos registros.

Saint Germain introduce la técnica del "Aliento Perfectamente Controlado", explicando: "Si afirmas en conciencia 'YO SOY el Aliento Perfectamente Controlado', esta armonía tiene que manifestarse." A través de la respiración consciente, se puede guiar la energía de transmutación hacia cualquier área que lo requiera.

Algunos iniciados en prácticas avanzadas utilizan la Llama Violeta para trabajar no solo con el pasado, sino con las tendencias futuras del alma. Esta técnica, conocida como "el puente de luz", permite liberar no solo cargas kármicas previas, sino establecer patrones de gracia para próximas encarnaciones.

"YO SOY la Resurrección y la Vida de mi perfecta conciencia"—vibra esta declaración en los labios del adepto. No como fórmula mágica ni como afirmación positiva, sino como reconocimiento de una realidad matemática: el karma transmutado por la Llama Violeta no desaparece, se transfigura. Igual que el carbón bajo presión milenaria emerge diamante—conservando cada átomo pero completamente transformado—así permanecen intactas las experiencias del alma mientras su carga energética se eleva a octavas superiores. Este es el arte supremo: transformar sin negar, transcender sin escapar.

5. Los 7 Rayos vs. el 8° Rayo Blanco

Entre la diversidad de la existencia y la fuente primordial, se despliega un conjunto de fuerzas luminosas que estructuran la realidad. Siete corrientes fundamentales atraviesan la manifestación como pilares energéticos, mientras que un octavo rayo opera más allá de la diferenciación, conectando con lo absoluto. Estos rayos no son simples colores, sino patrones vibratorios que modelan la conciencia y el universo.

La Naturaleza de los Rayos Cósmicos

Los rayos son corrientes de energía que circulan de manera constante. Según Saint Germain, estas fuerzas están siempre disponibles para quienes saben alinearse con ellas: "Las corrientes de energía cósmica pura fluyen en todo momento, como los rayos de un faro. Nuestras acciones deben mantenerse receptivas a este flujo incesante." Desde 1932, cada persona está inmersa en estas vibraciones, capaces de transformar la realidad.

Existen dos categorías principales de rayos. Los llamados Rayos Naturales emanan de la fuente divina y permanecen activos de forma permanente en la Tierra. Los Rayos Creados, en cambio, son conscientemente dirigidos por la Hueste Ascendida, lo que los hace más dinámicos y potentes. Aunque la ciencia comienza a detectar algunos de estos rayos, su verdadero poder solo se comprende a través de una instrucción más profunda.

Propiedades de Cada Rayo

El rayo azul representa la voluntad y la dirección. No es solo un símbolo de poder, sino la fuerza que organiza el caos y materializa la intención. Antiguas civilizaciones utilizaban su vibración para dar forma a continentes, mientras que hoy, su aplicación se encuentra en la palabra decretada, que abre caminos energéticos en el campo cuántico.

El rayo dorado no es simple conocimiento, sino una conexión directa con la sabiduría universal. Más que transmitir información, reconfigura la percepción a través de pulsos energéticos. Su práctica implica caminar en meditación al amanecer, visualizando un triángulo en el entrecejo, activando así la memoria ancestral.

El rayo rosa es la esencia del amor divino, capaz de disolver la ilusión de separación. En tiempos antiguos, su energía era canalizada mediante cristales de cuarzo, generando estados de unidad con la naturaleza. En la actualidad, su activación se logra a través de la intención enfocada en la compasión y la armonización vibratoria.

El rayo blanco actúa como purificador, desintegrando estructuras rígidas sin destruirlas. En la antigüedad, su energía era utilizada para acelerar la liberación del alma, mientras que hoy se aplica visualizando una luz plateada que disuelve bloqueos y patrones repetitivos.

El rayo verde es la clave de la regeneración. No solo sana, sino que restablece la memoria original de células y órganos. Desde tiempos egipcios, se han utilizado símbolos y sonidos específicos para activar su influencia sobre el cuerpo y la mente.

El rayo oro-rubí se asocia con la abundancia, funcionando bajo el principio de reciprocidad: dar para recibir. Antiguos comerciantes usaban su vibración para asegurar viajes prósperos. Hoy, su activación se logra al visualizar un vórtice dorado en el plexo solar mientras se agradecen bendiciones recibidas.

El rayo violeta es la herramienta de transmutación. Más allá de limpiar energías, tiene el poder de reconfigurar eventos pasados, alterando la carga emocional sin cambiar los hechos. Su práctica incluye la visualización de eventos a transformar, inundándolos con luz violeta mientras se entonan sonidos específicos.

El Octavo Rayo Blanco

Más allá de los siete rayos conocidos, el octavo rayo blanco no es solo una frecuencia adicional, sino un campo de potencialidad pura.

Representa el estado de conciencia en el que las energías diferenciadas se unifican. En la antigüedad, se accedía a esta vibración mediante cámaras de resonancia diseñadas para inducir estados de co-creación con el universo. Su aplicación actual radica en la meditación sobre el espacio entre pensamientos, permitiendo la manifestación desde la quietud.

El Papel de los Rayos en los Ciclos Cósmicos

Cada rayo ha dominado distintas eras de la humanidad. Durante la época de Egipto y Sumeria, el tercer rayo de inteligencia activa permitió la construcción de monumentos alineados con principios cósmicos. En la era de Aries, el sexto rayo de devoción influyó en las tradiciones monoteístas y sus rituales de fuego. Con la era de Piscis, el segundo rayo de amor-sabiduría modeló las grandes religiones universalistas.

Hoy, en la transición hacia la era de Acuario, el séptimo rayo de orden ceremonial impulsa el despertar hacia el conocimiento metafísico. Se espera que su influencia alcance su punto máximo en 2175, cuando se cree que un alineamiento planetario sin precedentes potenciará su manifestación.

La Jerarquía de los Rayos

Los rayos no actúan de manera aleatoria, sino que son gestionados por conciencias superiores. En el nivel más alto se encuentran los Siete Espíritus ante el Trono, mencionados en antiguos textos sagrados. Cada uno rige un sector del universo, modulando su frecuencia específica. A nivel planetario, los Logos supervisan su aplicación en distintos mundos, mientras que en la Tierra, Maestros Ascendidos como Saint Germain, El Morya y Serapis Bey guían su uso en la evolución de la humanidad.

Aplicación Práctica de los Rayos

Trabajar con estos rayos requiere comprensión y alineación consciente. Saint Germain enfatiza que la energía dirigida correctamente no tiene efectos adversos, sino que fluye hacia su propósito de manera armónica. Un decreto efectivo para trabajar con cualquier rayo es:

"YO SOY la Presencia que ordena y gobierna esta energía (del rayo específico) para que produzca (resultado deseado)."

El verdadero dominio no se encuentra en manipular estas fuerzas, sino en convertirse en un canal puro para su manifestación. Como enseñaban los antiguos guardianes del conocimiento, más que invocar los rayos, es necesario vibrar en su frecuencia para que estos se expresen a través de uno.

6. El Cuerpo Energético

Bajo la aparente solidez de nuestra anatomía física palpita un complejo entramado lumínico donde cada chakra funciona como una estación de intercambio entre dimensiones. Estos vórtices energéticos no son puntos estáticos, sino portales dinámicos que traducen vibraciones sutiles en pensamientos, emociones y manifestaciones corporales. Cuando la Llama Violeta interactúa con este sistema, no se limita a limpiar superficialmente—penetra hasta reestructurar los patrones fundamentales que, a través del tiempo, pueden haberse distorsionado, restaurando así la armonía original en todos los circuitos vitales.

El chakra raíz, ubicado en la base de la columna, es mucho más que un ancla a la Tierra. Su función real es permitir la integración de las energías superiores en la estructura física. Aplicar la Llama Violeta en este centro disuelve bloqueos relacionados con la escasez y la supervivencia, convirtiendo la energía densa en una corriente cristalina que activa la memoria celular del bienestar y la plenitud. Al visualizar este centro como un canal ascendente de luz transformadora, se libera su capacidad de proyectar vitalidad en todo el sistema energético.

La energía electrónica pura y su efecto transformador

Saint Germain enseña que existe un flujo continuo de energía pura, conocida como "energía electrónica", que impregna el cuerpo y la mente. Esta energía, proveniente de la Presencia Divina "YO SOY", es inalterable en su pureza a menos que la mente humana la condicione con pensamientos discordantes.

Cuando la atención se mantiene en la fuente divina de este flujo, la energía actúa sin obstáculos, regenerando células y elevando el estado de conciencia. El decreto "YO SOY la inmensa energía electrónica que fluye, que renueva y llena cada célula de mi ser ahora" acelera la restauración del equilibrio, permitiendo que la vibración original de armonía se restablezca en cuestión de minutos u horas.

Centros energéticos secundarios y la activación con la Llama Violeta

Además de los siete chakras principales, el cuerpo sutil está conformado por una vasta red de microvórtices que canalizan energías específicas. En las palmas de las manos y plantas de los pies se encuentran 21 mini-chakras que actúan como puntos de intercambio vibracional. En las tradiciones antiguas, se les conocía como "puertas de jade" y se les atribuía la capacidad de absorber y transmitir frecuencias de sanación.

Cuando se combinan técnicas de visualización con la Llama Violeta y ciertos movimientos rítmicos, estos centros secundarios amplifican su función, sincronizándose con el flujo energético del cuerpo. En particular, las articulaciones mayores—codos, rodillas, hombros y caderas—actúan como conductos resonantes que potencian la circulación de la energía transmutadora, liberando patrones estancados.

La respiración como canal de energía

Saint Germain destaca la importancia de la respiración consciente como herramienta para regular el flujo energético. Mantener la atención en el acto de respirar, acompañado de decretos como "YO SOY la energía perfecta en cada soplo que respiro", permite impregnar cada inhalación con la cualidad transmutadora de la Llama Violeta.

En el centro sacral, la energía no solo rige las emociones, sino que tiene la capacidad de plasmar pensamientos en realidades tangibles. La aplicación de la Llama Violeta en este punto volatiliza cargas emocionales que pueden estar cristalizadas, permitiendo transformar la pasión humana en combustible para la creación consciente.

Los canales energéticos y la acción de la Llama Violeta

El sistema de nadis[18], compuesto por miles de canales sutiles, transporta la energía a cada rincón del cuerpo. Existen tres vías principales: Ida, asociada a la energía lunar; Pingala, a la energía solar; y Sushumna, el canal central por donde asciende la energía espiritual. Cuando la Llama Violeta se introduce en estos canales, cada uno responde de forma específica: en Ida, limpia memorias ancestrales; en Pingala, disuelve creencias limitantes; y en Sushumna, despierta el potencial interno de la conciencia.

La práctica del "Pranayama Violeta"[19] consiste en visualizar la llama fluyendo por cada canal en secuencia, regulando el equilibrio entre mente,

---

[18] Nadis: Conductos energéticos sutiles descritos en la tradición yóguica, que forman una intrincada red por donde circula la energía vital. Los principales son Ida, Pingala y Sushumna, relacionados con los aspectos lunares, solares y espirituales.

[19] Pranayama: Técnica yoguica de control consciente de la respiración para dirigir la energía vital (prana). El Pranayama Violeta incorpora visualizaciones de la Llama Violeta durante estos ejercicios respiratorios para potenciar la transmutación energética.

emociones y cuerpo energético. Esta técnica, transmitida en antiguas tradiciones iniciáticas, permite acelerar la transmutación de bloqueos internos.

La Presencia "YO SOY" y su efecto en el cuerpo energético

Saint Germain ofrece decretos que reprograman la energía en el cuerpo. Afirmaciones como "YO SOY la perfecta visión que mira a través de estos ojos" o "YO SOY la perfecta actividad de cada órgano y célula de mi cuerpo" dirigen la energía electrónica de la Presencia Divina hacia la restauración del equilibrio y la vitalidad.

El chakra[20] cardíaco, al ser impregnado con la Llama Violeta, transforma el amor condicionado en una vibración de armonía universal. Esta energía no solo sana, sino que irradia un campo

---

[20] Chakras: Centros energéticos del cuerpo sutil descritos en tradiciones orientales. El chakra cardíaco (Anahata) se asocia con el amor, la compasión y el equilibrio emocional, actuando como puente entre los chakras inferiores y superiores.

de influencia capaz de elevar la vibración del entorno.

El Antakarana y la Llama Violeta

El Antakarana[21] es el puente de luz que conecta la conciencia individual con los planos superiores del ser. Este conducto, que se expande con la práctica espiritual, permite el acceso a niveles de comprensión más elevados. La Llama Violeta facilita su desarrollo al disolver bloqueos energéticos y abrir la comunicación con la Presencia Divina.

Textos antiguos mencionan siete niveles que deben ser trascendidos para fortalecer este puente. Meditaciones específicas con la Llama

---

[21] Antakarana: Canal energético construido mediante prácticas espirituales que vincula la mente inferior con los aspectos superiores de la conciencia, permitiendo el acceso a dimensiones más elevadas.

Violeta y mantras[22] sagrados facilitan este proceso, permitiendo que la conciencia fluya sin interferencias hacia su expresión más elevada.

Transformación vibracional del cuerpo y el aura

Saint Germain enseña que la forma física puede armonizarse con la energía electrónica de la Presencia "YO SOY". Deslizar las manos sobre el cuerpo con la intención de sentir la perfección de su diseño original permite reconfigurar patrones energéticos en cada célula.

El tercer ojo, al ser impregnado con la Llama Violeta, no solo amplía la percepción, sino que disuelve las distorsiones que limitan la visión interna. Técnicas avanzadas enseñan a dirigir esta energía en patrones geométricos

---

[22] Mantras: Fórmulas sonoras sagradas que generan vibraciones específicas capaces de alinear la conciencia con frecuencias superiores, actuando como llaves energéticas que abren estados meditativos profundos.

específicos, facilitando el acceso consciente a planos de mayor vibración.

El aura es una estructura dinámica que refleja el estado vibracional del ser. Aplicar la Llama Violeta en el campo áurico genera una transformación profunda, eliminando energías discordantes y restaurando su integridad. Saint Germain recomienda decretos como "YO SOY el Cinturón Protector de Luz Violeta" para mantener una vibración elevada y libre de interferencias.

Técnicas, visualizaciones y prácticas— andamios temporales todos. ¿Cuándo ocurre la verdadera maestría? En aquel momento indefinible donde cesa la separación entre practicante y práctica. Ya no invocas la Llama Violeta; te has convertido en ella. Tus células, como millones de pequeños soles, irradian naturalmente la frecuencia transmutadora. Tu presencia sana sin esfuerzo. Tu campo energético purifica espontáneamente. Sin decretos elaborados ni rituales complejos— simplemente existiendo en tu naturaleza restaurada, permitiendo que la vida fluya a través de ti en su expresión más cristalina.

Parte III: Técnicas Prácticas

7. Decretos De Poder

A través del verbo consciente se activa el fuego alquímico que duerme en nuestro interior. Los decretos no son simples afirmaciones positivas ni ruegos lanzados al cosmos—constituyen verdaderos comandos energéticos que reconfiguran la realidad al vibrar en los éteres sutiles. Saint Germain reveló que la palabra encendida por la Llama Violeta funciona como un cincel divino, esculpiendo y transformando la densidad kármica hasta convertirla en gracia luminosa, liberando al ser de las ataduras acumuladas durante eones.

El Poder del "YO SOY"

Decir «YO SOY» es movilizar la energía de la Fuente misma. Saint Germain enseñó: "Al pronunciar «YO SOY», estás activando a Dios en acción". La comprensión de esto es esencial para que cualquier decreto sea efectivo. La apariencia externa del mundo es solo una proyección de la mente humana, pero detrás de todo, solo hay una inteligencia, un amor y un poder operando: Dios.

Cada sílaba de un decreto está afinada con patrones armónicos superiores. Al vocalizarlas con intención, la glándula pineal emite un destello de luz que activa los filamentos dorados del cuerpo causal[23], envolviendo al practicante en un campo protector. No se trata de repetir palabras sin conciencia, sino de impregnar cada sonido con la vibración exacta que transmuta la energía densa en luminosa.

La Estructura de los Decretos Efectivos

Saint Germain entregó una fórmula basada en la triplicidad: tres invocaciones, tres cualidades, tres explosiones de luz. Su estructura sigue la

---

[23] El cuerpo causal es un vehículo sutil mencionado en tradiciones esotéricas, que preserva la esencia de todas las experiencias del alma a través de sus encarnaciones. Sus filamentos dorados conectan con la memoria akáshica y los potenciales espirituales dormidos.

geometría del triángulo ascendente presente en antiguos manuscritos esotéricos:

- «YO SOY un ser de fuego violeta»

- «YO SOY la pureza que Dios desea»

- «YO SOY la llama que consume toda sombra»

Este patrón vibracional abre un vórtice en el corazón etérico, atrayendo partículas de luz primordial que se integran al sistema nervioso, elevando su frecuencia.

Saint Germain también enseñó: "Cuando dices «YO SOY la Presencia en mi mente, hogar y mundo», no solo ordenas a la Presencia Divina manifestarse en tu realidad, sino que también invocas su acción en el entorno de quienes te rodean."

Para amplificar el efecto del decreto, se recomienda sincronizarlo con la respiración. Inhalar visualizando un prisma violeta entrando por el tercer ojo, retener el aliento mientras el prisma gira en el plexo solar, y exhalar pronunciando el decreto como si cada palabra fuera una chispa de luz que transforma el espacio circundante.

Decretos para Situaciones Específicas

En momentos de crisis energética o kármica, se puede emplear un decreto de siete sílabas ascendentes:

«Keth-Ra-Ma-El-Ta-On-Zur»

Cada sílaba resuena con un cuerpo sutil distinto. Al entonarlas progresivamente, desde el chakra raíz hasta un tono agudo que active la pituitaria, se disuelven bloqueos profundos en la estructura energética.

Para superar cualquier limitación aparente, Saint Germain aconseja:

«YO SOY la Presencia que ordena la Energía Inagotable y la Sabiduría Divina, haciendo que mi deseo sea cumplido».

Este decreto libera de condiciones restrictivas, alineando la voluntad personal con la ley del Ser.

La alquimia vocal alcanza su mayor potencia cuando se integra con números primos. Un ejemplo es el Canto del 17, donde el decreto se repite 17 veces mientras se dibuja en el aire la doble hélice de la Llama Violeta. Este número, considerado sagrado por las escuelas pitagóricas[24], activa los filamentos de luz del cuerpo mental, generando un campo de energía que disuelve interferencias densas.

Uso Correcto de los Decretos

No se debe recitar decretos de manera mecánica. Saint Germain advierte:

«YO SOY la Presencia de la salud perfecta» es la fuerza divina actuando.

---

[24] Las escuelas pitagóricas fueron comunidades filosóficas fundadas por Pitágoras en el siglo VI a.C. que combinaban matemáticas, música, astronomía y metafísica. Sus prácticas incluían disciplinas esotéricas para elevar la conciencia y percibir la armonía universal.

«YO SOY la Presencia del perdón en la mente y el corazón de cada uno» libera una vibración transformadora.

«YO SOY la Mente Pura de Dios» establece un estado de claridad absoluta.

En rituales lunares, se recomienda decretar frente a un espejo de obsidiana, permitiendo que la luz zodiacal intensifique la transmutación celular. Un ejemplo de decreto para este propósito es:

«Así como arriba en el infinito,

Abajo en el núcleo ígneo,

La llama gira y transmuta,

Lo denso en luz, lo muerto en eterno».

Decretos Multidireccionales

Los sacerdotes atlantes empleaban decretos en polifonía vibratoria: recitar tres frases en diferentes tonos simultáneamente (grave para lo físico, medio para lo emocional, agudo para lo mental). Un ejemplo avanzado sería entonar:

- «Fuego sagrado» en fa mayor,

- «Transmutación» en si bemol,

- «Liberación» en re sostenido.

Esta combinación sonora crea un acorde armónico que genera ondas de resonancia en los cuerpos sutiles, facilitando la liberación de patrones limitantes.

Decretos para Sanar Líneas Temporales

Para realinear líneas temporales distorsionadas, se emplea el decreto holográfico:

«En cada plano, en cada versión,

Esta llama consume toda distorsión.

Lo que fue, es y será,

Purifica en el eterno ahora».

Al pronunciarlo, se debe visualizar un tesseracto violeta rotando alrededor del cuerpo, simbolizando la sanación de todas las experiencias pasadas y futuras.

Para liberar bloqueos económicos, Saint Germain ofrece un decreto de abundancia:

«YO SOY las Riquezas de Dios fluyendo a mis manos y uso, que nada puede detener».

Este decreto debe pronunciarse con total convicción, recordando que el flujo divino gobierna toda manifestación.

Protección y Transmutación

En casos de ataques psíquicos o energías adversas, el Decreto Espejo actúa como una barrera reflectante:

«Lo que se envía multiplicado vuelve,

Transformado en luz bendita.

Tres veces tres la ley decreta,

Solo amor a su origen habita».

Este decreto neutraliza cualquier carga negativa, devolviéndola en su forma purificada a su fuente original.

Saint Germain enfatiza:

«Cuando afirmas «YO SOY aquí y allá», activas la presencia divina en todo y en todos. La única verdadera liberación proviene del reconocimiento del «YO SOY Dios en Acción» en cada instante».

El Último Misterio de los Decretos

La maestría en decretos ocurre cuando el sonido deja de ser palabra y se convierte en geometría viviente. En este nivel, se accede a secuencias fonéticas avanzadas que rescriben los patrones energéticos del campo cuántico. Estos mantras, transmitidos solo en los retiros internos de la Hermandad Blanca, requieren una sintonización previa del cuerpo de luz.

El verdadero poder de un decreto yace en su capacidad de modificar la curvatura espacio-temporal local. Cuando se vocalizan desde la conciencia unificada, generan una distorsión en el campo energético que facilita la aceleración de procesos evolutivos.

Saint Germain nos recuerda:

«Aquello en lo que fijas tu atención, se convierte en ti. Mantén tu enfoque en la perfección, y la perfección será tu realidad».

Ejercicios Prácticos
Nivel Principiante: Fundamentos del "YO SOY"

Ejercicio 1: La Respiración Consciente del "YO SOY"

Duración recomendada: 10 minutos diarios durante una semana

1. Siéntate en un lugar tranquilo donde no serás interrumpido.

2. Adopta una postura cómoda con la columna erguida.

3. Inhala profundamente por la nariz durante 4 segundos.

4. Retén el aire por 2 segundos, sintiendo cómo la energía se acumula.

5. Al exhalar lentamente por la boca (6 segundos), pronuncia mentalmente "YO SOY".

6. Siente cómo estas palabras vibran en todo tu ser.

7. Repite durante 7 ciclos respiratorios.

8. Incrementa gradualmente hasta 21 ciclos al finalizar la semana.

Ejercicio 2: El Despertar de la Presencia

Práctica: Cada mañana al despertar

1. Antes de levantarte, permanece acostado y lleva la atención a tu respiración.

2. Coloca ambas manos sobre el centro del pecho.

3. Repite tres veces con convicción creciente:

- "YO SOY la Presencia Divina despertando en mí"
- "YO SOY la Energía Perfecta fluyendo por todo mi cuerpo"
- "YO SOY la Luz que ilumina este día"

4. Visualiza un sol dorado expandiéndose desde tu corazón.
5. Levántate y comienza tu día llevando esta conciencia contigo.

Ejercicio 3: Purificación Básica con la Llama Violeta

Frecuencia: Diariamente al atardecer

1. Cierra los ojos y visualiza una pequeña llama violeta en tu corazón.
2. Con cada inhalación, la llama crece ligeramente.
3. Recita tres veces, sintiendo cada palabra:
    - "YO SOY un Ser de Fuego Violeta"

- "YO SOY la Pureza que Dios desea"

4. Visualiza la llama expandiéndose hasta envolver todo tu cuerpo.

5. Permanece en esta luz por 5 minutos, sintiendo cómo disuelve tensiones y preocupaciones.

Nivel Intermedio: Transmutación Consciente

Ejercicio 4: El Círculo Electrónico de Protección

Práctica: Antes de situaciones desafiantes o cada mañana

1. De pie, con los pies separados al ancho de los hombros.

2. Extiende los brazos a los lados con las palmas hacia arriba.

3. Visualiza un círculo de luz violeta brillante formándose alrededor de ti.

4. Mientras giras lentamente en sentido horario (3 vueltas completas), decreta:
   - "YO SOY el Círculo Mágico de Protección"

- "YO SOY invulnerable a toda creación humana"
- "YO SOY la Presencia que disuelve toda sombra"

5. Siente el círculo solidificándose como un campo protector que te acompaña.
6. Finaliza llevando las manos al corazón y agradeciendo a la Presencia.

Ejercicio 5: Transmutación de Memorias Limitantes

Duración: 15-20 minutos, 3 veces por semana

1. En meditación, identifica una limitación o patrón recurrente en tu vida.
2. Escríbelo en un papel con tinta violeta o negra.
3. Sostén el papel entre tus manos a la altura del corazón.
4. Respira profundamente y decreta 9 veces:

    - "YO SOY la Llama Violeta Transmutadora que consume

ahora toda memoria y registro de [limitación específica]"

- "YO SOY libre de toda creación humana pasada y presente"

5. Visualiza el papel disolviéndose en llamas violeta (no lo quemes físicamente).

6. Completa con el decreto: "YO SOY la Victoria de la Luz en esta situación. Está hecho."

Ejercicio 6: El Pulso Rítmico del "YO SOY"

Práctica: Durante la luna creciente

1. Siéntate frente a una vela blanca o violeta.

2. Sincroniza tu respiración con un ritmo de 4-4-4 (inhala 4 segundos, retén 4, exhala 4).

3. Establece un pulso de energía con las siguientes afirmaciones, una por cada respiración completa:

   - "YO SOY la Resurrección y la Vida de mi Perfecta Salud"

- "YO SOY la Resurrección y la Vida de mi Perfecta Abundancia"

- "YO SOY la Resurrección y la Vida de mi Perfecta Expresión Divina"

- "YO SOY la Resurrección y la Vida de mi Perfecta Iluminación"

4. Entre cada decreto, visualiza una onda de luz expandiéndose desde tu corazón.

5. Continúa por 12 minutos exactos (puedes usar un temporizador).

Nivel Avanzado: Alquimia del Verbo Creador

Ejercicio 7: La Reestructuración de la Realidad

Preparación: Solo cuando sientas una claridad interior profunda

1. En un espacio sagrado preparado para el trabajo espiritual, coloca cuatro cristales de cuarzo en los puntos cardinales.

2. En el centro, coloca un cuenco con agua pura.

3. Cierra los ojos y visualiza tu campo áurico expandiéndose hasta abarcar toda la habitación.

4. Con voz firme y resonante, decreta tres veces:

    - "YO SOY la única Presencia y Poder actuando aquí"
    - "YO SOY el Fuego Consumidor de toda vibración discordante en mi mundo"
    - "YO SOY la Perfección manifestada en cada átomo de mi ser y mi entorno"

5. Visualiza las palabras convirtiéndose en geometrías luminosas que reconfiguran la estructura de la realidad a tu alrededor.

6. Siente cómo cada decreto altera la frecuencia molecular del aire, el agua y tu propio cuerpo.

7. Finaliza con: "YO SOY la Ley Cumplida. Está hecho, está sellado en Luz Eterna."

Ejercicio 8: La Fusión de Polaridades

Momento óptimo: Durante equinoccios o lunas llenas

1. Siéntate en posición de meditación con una vela violeta encendida frente a ti.
2. Coloca la mano izquierda sobre el muslo con la palma hacia arriba (receptiva).
3. Coloca la mano derecha sobre el corazón con la palma hacia dentro (proyectiva).
4. Visualiza una corriente de energía plateada entrando por tu mano izquierda.
5. Simultáneamente, visualiza una corriente dorada saliendo de tu mano derecha.
6. Cuando ambas energías se encuentren en tu corazón, pronuncia con potencia:
    - "YO SOY la unión perfecta del Cielo y la Tierra"
    - "YO SOY la fusión del espíritu y la materia"

- "YO SOY Alpha y Omega en acción"

7. Permite que estas dos corrientes se entrelacen formando una hélice de luz violeta.

8. Mantén esta visualización por 33 minutos, permitiendo que la transmutación alcance niveles celulares y subatómicos.

Ejercicio 9: El Tetraedro de Manifestación

Frecuencia: Una vez por ciclo lunar

1. Dibuja un tetraedro (pirámide triangular) en un papel blanco.

2. En cada vértice escribe uno de estos conceptos: "Voluntad Divina", "Sabiduría Perfecta", "Amor Incondicional" y "Manifestación Material".

3. Coloca el papel bajo una pirámide de cristal o visualiza una pirámide de luz sobre él.

4. Arrodíllate o siéntate frente al tetraedro con la espalda recta.

5. Coloca ambas manos en posición de receptividad (palmas hacia arriba, dedos ligeramente curvados).

6. Recita el siguiente decreto en siete tonalidades ascendentes, empezando en un tono grave y terminando en uno agudo:

    - "YO SOY la Presencia Perfecta de Dios manifestada en Forma"
    - "YO SOY la Autoridad Divina actuando en mi mundo"
    - "YO SOY la Puerta Abierta que ningún hombre puede cerrar"
    - "YO SOY la Luz, YO SOY la Luz, YO SOY la Luz"

7. Al finalizar, permanece en silencio absoluto por 7 minutos, permitiendo que las vibraciones sonoras completen su trabajo de reconfiguración energética.

Secuencia de Práctica Progresiva

Primera Semana: Fundamentos

- Mañana: Ejercicio 2 (Despertar de la Presencia)

- Tarde: Ejercicio 1 (Respiración Consciente)
- Noche: Ejercicio 3 (Purificación Básica)

Segunda a Cuarta Semana: Estableciendo los Patrones

- Lunes y Jueves: Ejercicios 1, 2, 3
- Martes y Viernes: Ejercicios 2, 4 (Círculo de Protección)
- Miércoles y Sábado: Ejercicio 5 (Transmutación de Memorias)
- Domingo: Ejercicio 6 (Pulso Rítmico)

Quinto a Octavo Mes: Profundización

- Continuar con los ejercicios anteriores
- Agregar el Ejercicio 7 (Reestructuración) una vez por semana
- Durante luna llena: Ejercicio 8 (Fusión de Polaridades)
- Al final de cada mes lunar: Ejercicio 9 (Tetraedro de Manifestación)
-

Recomendaciones para Maximizar la Eficacia:

1. Mantén un diario de decretos donde registres tus experiencias y observaciones.

2. Trabaja con un cristal de amatista o cuarzo claro para amplificar la energía.

3. Practica a la misma hora cada día para establecer un ritmo vibratorio constante.

4. Realiza los decretos avanzados solo cuando hayas dominado los fundamentales.

5. Recuerda que la potencia de un decreto radica en la combinación de tres elementos: la claridad mental, la emoción sincera y la convicción absoluta de su cumplimiento.

Nota para el practicante: Saint Germain enseñó que el verdadero poder no está solo en las palabras sino en la conciencia que las respalda. A medida que avances, notarás que requieres menos palabras para generar efectos más profundos. La maestría no se mide por la complejidad, sino por la capacidad de modificar la realidad con la mínima expresión del "YO SOY".

8. Visualización Para Contactar A Saint Germain

Durante el instante entre una respiración y la siguiente se abre el portal que conduce al Templo de la Llama Violeta. Este santuario no responde a coordenadas físicas del mundo externo, sino a la sintonización del alma con la frecuencia de su Yo Superior. Allí, las leyes ordinarias del tiempo y la materia se disuelven, permitiendo el acceso solo a quienes han aprendido a expandir su conciencia más allá de los límites impuestos por la percepción cotidiana.

Preparación para la Experiencia Interior

Antes de comenzar este viaje, es esencial liberar la mente y el corazón de cualquier inquietud o tensión acumulada. La meditación no es un espacio para revisar preocupaciones, sino para conectar con la esencia divina. Saint Germain nos recuerda que "Conocer la Verdad es la llave que abre la puerta a la libertad", y esa Verdad reside en la Presencia "YO SOY".

La práctica inicia con la entonación interna de la vocal "I" (como en "luz"), un sonido que resuena en la estructura ósea del cráneo y genera un campo energético en torno al cuerpo. Este tono abre los canales sutiles que conectan con la matriz cristalina del templo. Al llegar al tercer ciclo respiratorio, una espiral amatista comienza a formarse en el plexo solar, funcionando como un portal natural hacia esta dimensión de sabiduría. La clave está en permitir que la columna vertebral se torne en un conducto receptivo de las frecuencias superiores, armonizando el cuerpo con las notas esenciales del universo.

La actitud correcta es fundamental. La expectativa sincera de recibir la presencia de los Maestros es un puente vibratorio que facilita la conexión. Así como alguien espera con emoción un gran acontecimiento, esta misma disposición interior abre la puerta a encuentros trascendentales.

Atravesando el Umbral

Para iniciar el viaje, pronuncia esta afirmación: "YO SOY la Presencia que ordena y guía este camino. YO SOY la puerta abierta que nada ni nadie puede cerrar".

Al cruzar el umbral, el cuerpo sutil ingresa en un corredor donde las paredes reflejan no la imagen actual, sino todas las manifestaciones posibles del alma a través del tiempo. Aquí, Saint Germain enseña cómo utilizar la Llama Violeta para moverse con consciencia entre realidades alternativas. Cada paso adelante disuelve capas de ilusión, revelando símbolos luminosos que emergen bajo los pies, cada uno portador de un conocimiento ancestral.

Durante este trayecto, es crucial mantener la atención anclada en la Presencia "YO SOY". Como Saint Germain enseña: "Donde está tu conciencia, allí estás tú". La separación entre la realidad mundana y la inmensidad del ser es solo una cuestión de enfoque.

El Corazón del Templo

El epicentro del templo es una cúpula de luz[25] en la que arden siete flamas violetas en un ritmo perfecto. Cada llama representa un aspecto de la conciencia elevada: voluntad superior, sabiduría amorosa, acción consciente, armonía en medio del caos, conocimiento claro, devoción pura y orden sagrado. El viajero debe sumergirse en cada fuego, permitiendo que su energía transforme la estructura energética del cuerpo.

En la fusión con la quinta llama (conocimiento claro), ocurre la recepción de visiones que contienen enseñanzas futuras. Es aquí donde Saint Germain se presenta, no como una figura material, sino como una energía que se siente en la glándula pineal, activando circuitos de comprensión que reconfiguran la percepción.

Este es el momento para reafirmar: "YO SOY la Presencia que inspira cada pensamiento y acción

---

[25] Las cúpulas de luz son estructuras energéticas que, según tradiciones esotéricas, sirven como recipientes y amplificadores de frecuencias vibratorias elevadas. Actúan como cámaras de transformación donde la energía cósmica se concentra y distribuye.

en este cuerpo". A través de esta declaración, se permite que la luz pura fluya sin interferencias.

El Ritual de Comunicación

El encuentro con la Presencia Superior ocurre en una cámara de luz líquida, donde la propia imagen se despliega en múltiples formas y edades simultáneas. Al sumergir las manos en esta sustancia vibrante, se inicia un proceso de alineación energética, reescribiendo patrones kármicos con una nueva conciencia.

La voz de Saint Germain resuena en esta fase como un eco profundo, impartiendo claves vibratorias que desbloquean aspectos dormidos de la memoria espiritual. Para fortalecer esta conexión, usa la afirmación: "YO SOY la Presencia que se comunica con los Maestros Ascendidos y recibe su guía perfecta".

La comprensión de esta experiencia no depende del lugar físico, sino de la conciencia. Allí donde enfocas tu atención, allí estás. Al proyectar tu conciencia al Templo de la Llama Violeta, accedes a su conocimiento desde cualquier punto del universo.

Regreso a la Conciencia Ordinaria

El camino de retorno implica recorrer en sentido inverso los mismos corredores, aunque ahora las estructuras brillan con una luz más intensa. Esta acción deja una impronta en el campo energético, permitiendo que el acceso al templo permanezca disponible en estados meditativos y oníricos.

Al despertar a la realidad cotidiana, proclama: "YO SOY la memoria perfecta de esta experiencia, grabada en mi conciencia y lista para manifestarse en mi vida". Esta afirmación estabiliza la integración de la vivencia en el plano material.

Como efecto de esta meditación, la conexión con planos superiores se fortalece, despertando nuevas formas de percepción. Con la práctica constante, el templo deja de ser un lugar externo y se convierte en una expresión viva dentro del propio ser.

Integración y Práctica Continua

El propósito final de este viaje no es solo visitar el Templo de la Llama Violeta, sino convertirse en una extensión de su energía en el mundo. Cuando la llama violeta se enraíza en cada célula, el cuerpo se transforma en un faro de luz consciente, permitiendo que Saint Germain opere a través de quienes han abierto este canal sagrado.

Cada afirmación del "YO SOY" ancla esta realidad en el presente: "YO SOY la iluminación que se expande en cada espacio donde me encuentro".

¿Visitas al Templo o te conviertes en él? Aquí reside la diferencia entre practicantes ocasionales y verdaderos iniciados. Mediante inmersiones regulares en la Llama Violeta, el puente entre mundos—inicialmente frágil y temporal—se cristaliza en estructura permanente. La membrana entre lo ordinario y lo divino adelgaza hasta volverse permeable. Ya no meditas para escapar del mundo; te conviertes en portal viviente donde lo trascendente respira a través de lo cotidiano. Tu presencia—silenciosa, inadvertida para muchos—opera como catalizador vibratorio, activando potenciales dormidos en quienes te rodean sin necesidad de palabras ni explicaciones.

Ejercicio en Detalle

Meditación Guiada: Contacto con el Maestro Saint Germain

Preparación (5 minutos)

Busca un lugar tranquilo donde no serás interrumpido por al menos 30 minutos. Siéntate en una posición cómoda, preferiblemente con la columna erguida pero sin tensión. Puedes usar una silla o sentarte sobre un cojín en el suelo. Coloca las manos sobre las rodillas o en tu regazo, con las palmas hacia arriba en gesto receptivo.

Opcional: Enciende una vela violeta y un incienso suave (sándalo o lavanda). Si dispones de un cuarzo amatista, colócalo frente a ti. Estos elementos no son imprescindibles, pero pueden ayudar a crear un ambiente propicio.

Armonización del Campo Energético (3 minutos)

Cierra los ojos y comienza a respirar profundamente, inhalando por la nariz y exhalando por la boca. Realiza tres respiraciones completas, liberando con cada exhalación las preocupaciones del día. Permite que tu cuerpo se relaje progresivamente, desde los pies hasta la cabeza.

Ahora, pronuncia mentalmente: "YO SOY un ser de paz, armonía y receptividad. Me preparo para este sagrado encuentro con claridad y reverencia."

Activación de la Protección (2 minutos)

Visualiza una esfera de luz violeta formándose alrededor de ti. Observa cómo se densifica y comienza a girar en sentido horario. Con voz clara, declara:

"YO SOY la Presencia que ordena y guía este camino. YO SOY la puerta abierta que nada ni nadie puede cerrar. YO SOY la Luz, YO SOY la protección perfecta en esta experiencia."

Siente cómo esta afirmación establece un campo de seguridad inquebrantable a tu alrededor.

Entonación Vibratoria (4 minutos)

Inhala profundamente y, al exhalar, entona en voz alta la vocal "I" (pronunciada como en "vida"). Repite esta entonación siete veces, permitiendo que la vibración resuene en tu cabeza, especialmente en la región de la frente y la corona.

Con cada entonación, visualiza cómo la vibración asciende por tu columna vertebral, activando cada chakra hasta alcanzar el centro de la corona, que comienza a emitir un resplandor violeta-dorado.

Creación del Vórtice de Acceso (5 minutos)

Ahora, enfoca tu atención en el plexo solar (región del estómago). Visualiza cómo se forma allí una espiral de luz amatista que gira en sentido contrario a las agujas del reloj. Con cada respiración, esta espiral se expande y acelera su rotación.

Afirma mentalmente: "YO SOY el acceso perfecto al Templo de la Llama Violeta. Esta espiral es el portal hacia la presencia del Maestro Saint Germain."

Observa cómo el vórtice se estabiliza después de 9 rotaciones completas y se convierte en un túnel de luz violeta.

Travesía por el Corredor de Luz (7 minutos)

Imagina que tu conciencia entra en este túnel de luz. Siente cómo eres transportado a través de un corredor luminoso. A medida que avanzas, observa las paredes cristalinas que reflejan imágenes de tus potenciales y experiencias pasadas.

Mantén tu intención enfocada repitiendo silenciosamente: "YO SOY la conciencia que trasciende el tiempo y el espacio. YO SOY el peregrino que avanza hacia la sabiduría eterna."

Durante este trayecto, es normal percibir sensaciones de ligereza, como si tu cuerpo se volviera menos denso. También puedes experimentar cambios en la temperatura, especialmente una sensación de calor en las manos o en la frente.

Llegada al Templo de la Llama Violeta (3 minutos)

Al final del corredor, visualiza una gran puerta circular con intrincados símbolos geométricos grabados en su superficie. Esta puerta se abre sin esfuerzo ante tu presencia, revelando una amplia cámara circular con una cúpula cristalina.

Observa cómo la luz penetra por la cúpula, formando siete columnas de fuego violeta que arden con ritmo perfecto alrededor del centro de la sala. El suelo parece estar hecho de cristal translúcido que refleja la luz de las llamas.

Inmersión en las Siete Llamas (7 minutos)

Avanza conscientemente hacia el centro del templo. Siente cómo cada una de las siete llamas irradia una cualidad específica:

- Primera llama (frente a ti): Voluntad divina y dirección espiritual

- Segunda llama (a tu derecha): Sabiduría iluminada y comprensión profunda

- Tercera llama (a tu derecha posterior): Amor divino y armonización

- Cuarta llama (detrás de ti): Pureza y claridad de propósito

- Quinta llama (a tu izquierda posterior): Verdad concreta y conocimiento exacto

- Sexta llama (a tu izquierda): Devoción y entrega a lo superior

- Séptima llama (completando el círculo): Transmutación y liberación

Dedica aproximadamente un minuto a cada llama, permitiendo que su energía te impregne. Mientras lo haces, afirma: "YO SOY la receptividad perfecta a esta cualidad divina que ahora se integra en mi ser."

Encuentro con Saint Germain (8 minutos)

Al completar el círculo de llamas, ubícate en el centro exacto y permanece en quietud expectante. Visualiza cómo las siete llamas comienzan a girar a tu alrededor, formando un torbellino de luz violeta que asciende desde el suelo hasta más allá de tu cabeza.

En este momento de intensificación energética, invoca la presencia del Maestro declarando con reverencia:

"YO SOY la Presencia que invoca al Maestro Ascendido Saint Germain. En nombre de mi Ser Superior, solicito su guía y enseñanza ahora."

Mantén un estado de atención sin expectativas. La presencia de Saint Germain puede manifestarse de diversas formas: como una intensificación de la luz violeta, una sensación de calidez envolvente, una voz interior clara, o incluso una aparición sutil ante tu visión interna.

Cuando percibas su presencia, mantén la calma y receptividad. Puedes formular mentalmente una pregunta concreta o simplemente permanecer en silencio receptivo para recibir su mensaje o instrucción.

La comunicación puede darse a través de palabras interiores, comprensiones súbitas, imágenes simbólicas o sensaciones físicas específicas. Confía en tu percepción, sin juzgar la experiencia.

Recepción del Mensaje o Enseñanza (tiempo variable, 5-10 minutos)

Permanece en estado receptivo, permitiendo que la comunicación fluya naturalmente. Si recibes instrucciones o mensajes específicos, procura memorizarlos o comprenderlos profundamente para recordarlos después.

Si experimentas bloqueos o dudas, respira profundamente y afirma: "YO SOY la claridad perfecta, recibiendo con precisión la guía del Maestro."

Saint Germain puede ofrecerte información sobre tu sendero espiritual, respuestas a preguntas personales, o instrucciones para tu desarrollo. También puede transmitirte una frecuencia energética específica que seguirá actuando en tu campo después de la meditación.

Agradecimiento y Cierre (3 minutos)

Cuando sientas que el intercambio ha concluido, expresa tu gratitud sincera:

"YO SOY profundamente agradecido por esta conexión sagrada. Honro la presencia del Maestro Saint Germain y la sabiduría compartida. Que esta luz permanezca activa en mi camino."

Visualiza cómo las llamas comienzan a estabilizarse y el vórtice de energía se calma gradualmente. Observa cómo el templo permanece intacto, recordando que puedes regresar a este espacio sagrado en futuras meditaciones.

Retorno a la Conciencia Ordinaria (5 minutos)

Comienza el proceso de retorno visualizando cómo recorres el mismo corredor en sentido inverso, llevando contigo la energía y la sabiduría recibidas. Con cada paso hacia tu realidad ordinaria, siente cómo integras esta experiencia en tu ser.

Al llegar al final del corredor, visualiza cómo el portal en tu plexo solar se cierra suavemente, sellando la energía recibida dentro de tu campo.

Afirma con convicción: "YO SOY la memoria perfecta de esta experiencia, grabada en mi conciencia y lista para manifestarse en mi vida."

Lentamente, toma conciencia de tu respiración, de tu cuerpo físico y del espacio que te rodea. Mueve suavemente los dedos de las manos y los pies, estira tu cuerpo y, cuando te sientas listo, abre los ojos.

Integración post-meditación (2 minutos)

Permanece en silencio por unos momentos. Si es posible, anota inmediatamente cualquier mensaje, símbolo o instrucción recibida durante la experiencia. La escritura ayuda a anclar la experiencia en la conciencia ordinaria.

Bebe un vaso de agua para ayudar a integrar la energía y estabilizar tu campo vibratorio.

Recomendaciones Complementarias

- Realiza esta meditación preferiblemente durante la fase de luna creciente, cuando las energías receptivas están más activas.

- Los días martes, jueves y domingos son particularmente propicios para la conexión con Saint Germain.

- La hora ideal es al amanecer o durante el atardecer, cuando el velo entre dimensiones es más tenue.

- Si deseas fortalecer la conexión, practica esta meditación durante siete días consecutivos, preferiblemente a la misma hora.

- Respeta siempre los mensajes recibidos y actúa conforme a ellos para demostrar tu compromiso con el crecimiento espiritual.

9. Limpieza De Espacios, Objetos Y Relaciones

La purificación es un arte que despliega la Llama Violeta como un fuego sutil capaz de restaurar la armonía en lugares, objetos y relaciones. Saint Germain enseñó que toda materia y todo lazo humano contienen registros energéticos que pueden ser reconfigurados. Para iniciar este proceso, se traza en el aire un símbolo de transmutación con el índice, estableciendo un vínculo directo con la esencia vibrante de la llama en los planos más sutiles.

Espacios Libres de Cargas Negativas

Para depurar un entorno, se camina siguiendo un patrón geométrico específico mientras se sostiene un cuarzo impregnado con la intención de limpieza. Cada paso activa pulsaciones energéticas que disuelven residuos densos, permitiendo que el fuego violeta impregne el ambiente. Las esquinas del lugar deben asperjarse con agua purificada y expuesta a la luz lunar, pues la memoria cristalina del líquido facilita la absorción de la energía transmutadora. La clave de este proceso radica en visualizar las paredes como organismos vivos que respiran y asimilan la llama.

Elementos Como Canales de la Llama Violeta

Los cuatro elementos primordiales amplifican la acción de la llama cuando se emplean correctamente:

- Fuego: Activa la purificación cuando se quema madera impregnada con aceites específicos en momentos astrológicos propicios.

- Agua: Conserva la vibración de la llama cuando es expuesta a energías cósmicas y cargada con intención consciente.

- Aire: Transporta la frecuencia violeta mediante sonidos específicos, facilitando la limpieza de espacios con vibraciones armónicas adecuadas.

- Tierra: Potencia la estabilidad del proceso cuando se utilizan minerales resonantes con la frecuencia de transmutación.

La correcta combinación de estos elementos establece un campo de purificación constante, independientemente de la presencia del practicante.

Limpieza de Objetos y Herramientas Energéticas

Los objetos pueden retener influencias del pasado, por lo que su restauración energética es esencial. Para ello, se sumergen en recipientes adecuados con sustancias purificadoras mientras se trazan símbolos sagrados en la superficie del líquido. Algunos artefactos requieren un ciclo de inmersión prolongado o ser envueltos en materiales naturales que absorban sus cargas antiguas.

Sanación de Vínculos Kármicos

Las relaciones humanas pueden verse influenciadas por memorias ancestrales. Para liberar patrones repetitivos, se inscriben los nombres de los involucrados en materiales de alta vibración y se someten a una transmutación ritual. La clave es visualizar los lazos energéticos transformándose en hilos de luz violeta que disuelven cualquier limitación impuesta por el pasado.

Cuando la purificación se extiende a líneas familiares completas, se emplean símbolos de unidad para representar la conexión generacional. La energía de la llama asciende a través de estas representaciones, liberando cargas heredadas y restaurando el flujo armónico en la descendencia.

Creación del Círculo de Protección Energética

Saint Germain enseñó la importancia de rodearse de un campo de energía purificada. Para ello, se visualiza un anillo de luz violeta expandiéndose desde el corazón y envolviendo el cuerpo y el entorno inmediato. Al afirmar:

"YO SOY la presencia que construye un círculo invencible de protección y transmutación",

se establece un escudo dinámico que no solo impide la entrada de influencias externas, sino que también convierte cualquier energía disonante en luz pura.

Este método permite restaurar el equilibrio natural de la conciencia, devolviendo al practicante su capacidad de interactuar con el mundo desde un estado de claridad y poder interno.

Ritmos Cósmicos y Purificación

El éxito de cualquier ritual de transmutación se potencia cuando se sincroniza con los ciclos naturales. Durante la luna menguante, se favorece la eliminación de patrones obsoletos, mientras que la luna creciente impulsa la regeneración energética. Los solsticios y equinoccios abren portales que amplifican la conexión con energías superiores, facilitando procesos de purificación profunda.

Los eclipses representan momentos clave en los que la influencia de la llama puede alcanzar planos más elevados de la existencia. En estos períodos, la meditación y el trabajo energético adquieren una intensidad única, permitiendo disolver estructuras kármicas con mayor rapidez y efectividad.

Protección y Purificación del Entorno

El uso de afirmaciones como "YO SOY la única presencia actuando en mi mundo" establece una vibración protectora que impregna el espacio y sus elementos. La tecnología también puede ser recalibrada energéticamente mediante métodos específicos que restauran su frecuencia original y eliminan cualquier distorsión.

En cuanto a las vestimentas y objetos de uso personal, pueden ser sometidos a procesos de purificación mediante agua cargada de energía violeta y exposición a luz solar controlada. De esta manera, se garantiza que el campo áurico del usuario permanezca libre de influencias externas no deseadas.

Mira atentamente a esos seres cuya presencia transforma instantáneamente cualquier ambiente. No realizan elaborados rituales ni movimientos visibles, y sin embargo, algo cambia sutilmente cuando entran a una habitación. El aire se aligera. Los conflictos latentes se disuelven. Una claridad inexplicable emerge. Han trascendido la necesidad de ceremonias externas porque ellos mismos se han convertido en el ritual encarnado. Cada respiración emite la frecuencia purificadora. Cada paso activa geometrías sagradas invisibles. Ya no portan la Llama Violeta como herramienta externa—son la Llama caminando entre nosotros, recordándonos silenciosamente nuestro propio potencial transmutador.

Protocolos Prácticos De Limpieza Energética

I. PROTOCOLO COMPLETO PARA LA PURIFICACIÓN DEL HOGAR

PREPARACIÓN PREVIA

1. **Materiales necesarios:**
   - Un cuenco de cobre o cristal
   - Agua de manantial o filtrada (250ml)
   - Sal marina no procesada (3 cucharadas)
   - Una vela blanca o violeta

- Incienso de salvia blanca, copal o sándalo
- Un cuarzo amatista pequeño
- Una campana pequeña o cuenco tibetano (opcional)
- Un rociador con agua y 3 gotas de aceite esencial de lavanda

2. **Preparación personal:**
   - Toma una ducha o baño con sal marina antes de comenzar.
   - Viste con ropa clara y cómoda, preferiblemente de fibras naturales.
   - Realiza 7 respiraciones profundas mientras visualizas tu cuerpo llenándose de luz violeta.
   - Decreta: "YO SOY la Presencia Purificadora actuando a través de mí, en este espacio y en este momento."

PROTOCOLO DE LIMPIEZA POR ETAPAS

A. Apertura del Círculo de Protección (10 minutos)

1. Colócate en el centro del espacio principal de tu hogar.

2. Enciende la vela pronunciando: "YO SOY la Luz que disipa toda sombra."

3. Dibuja en el aire un círculo completo a tu alrededor usando el dedo índice de tu mano dominante.

4. Decreta tres veces: "YO SOY el Círculo Electrónico de Protección Violeta que sella este espacio durante todo el proceso de purificación. Nada que no sea de la Luz puede entrar o permanecer aquí."

5. Visualiza una esfera de luz violeta expandiéndose desde tu corazón hasta envolver toda la propiedad.

B. Limpieza de Energías Estancadas (30-45 minutos)

1. **Preparación del agua transmutadora:**
   - En el cuenco, mezcla el agua con la sal marina.

- Sostén el cuenco entre tus manos y visualiza luz violeta penetrando el líquido.

- Decreta: "YO SOY la Llama Violeta cargando esta agua con poder transmutador."

- Coloca el cristal de amatista dentro del agua.

2. **Secuencia de limpieza:**

    - Comienza desde la entrada principal del hogar.

    - Avanza en sentido contrario a las agujas del reloj por toda la vivienda.

    - En cada habitación, sigue esta secuencia:

a) **Limpieza del aire:**

   - Enciende el incienso y muévelo en espirales por los rincones.

   - Decreta: "YO SOY la Llama Violeta consumiendo toda

vibración discordante en el aire de este espacio."

b) **Limpieza de paredes y objetos:**

- Asperja ligeramente las paredes y objetos importantes con el agua preparada.

- Concéntrate especialmente en espejos, aparatos electrónicos y objetos antiguos.

- Decreta: "YO SOY la Presencia que transmuta toda memoria negativa impregnada en estos objetos."

c) **Limpieza de esquinas:**

- Las esquinas tienden a acumular energía estancada. En cada una:

- Haz sonar la campana o cuenco tibetano tres veces.

- Visualiza la Llama Violeta surgiendo del suelo y disolviendo cualquier congestión energética.
- Decreta: "YO SOY la Liberación de toda energía estancada en este punto."

d) Limpieza de umbrales:

- En cada puerta o umbral entre espacios:
- Traza el símbolo del infinito (∞) con tu dedo índice.
- Decreta: "YO SOY la Puerta Abierta solo a la Luz Perfecta."

3. **Zonas que requieren atención especial:**

a) **Dormitorios:**

- Presta especial atención al área bajo la cama y dentro de los armarios.

- Decreta sobre la cama: "YO SOY el Descanso Perfecto y la Regeneración Completa en este espacio."

b) **Cocina:**

- Limpia energéticamente electrodomésticos y utensilios de cocina.
- Decreta: "YO SOY la Energía Vitalizante en todo alimento preparado aquí."

c) **Baños:**

- Estas áreas suelen acumular energías densas por el desecho.
- Vierte un poco del agua transmutadora por los desagües.
- Decreta: "YO SOY la Transmutación Perfecta de toda energía negativa en este espacio."

d) **Espacios de trabajo/estudio:**

- Limpia con especial cuidado dispositivos electrónicos y documentos.

- Decreta: "YO SOY la Claridad Mental y la Inspiración Divina actuando en este espacio."

C. Anclaje de Energías Elevadas (15 minutos)

1. Regresa al centro del hogar con la vela aún encendida.

2. Visualiza una columna de luz violeta descendiendo desde el infinito, atravesando el techo y anclándose en el centro de tu hogar.

3. Imagina que esta columna se expande gradualmente hasta llenar todas las habitaciones.

4. Decreta tres veces: "YO SOY la Presencia que ancla la Armonía Divina en este hogar de forma permanente. Todo lo que aquí ocurra está ahora alineado con el Plan Divino."

5. Visualiza esta luz transformándose en un dorado-violeta brillante que sella y protege el espacio.

D. Cierre del Ritual (5 minutos)

1. Agradece a la Presencia "YO SOY" y a Saint Germain por su asistencia.

2. Decreta: "YO SOY la Presencia que mantiene este espacio en perfecta armonía. La purificación está completa y permanece activa en todos los niveles."

3. Deja que la vela se consuma completamente (o apágala si es necesario, pero evita soplarla; mejor cúbrela para extinguir la llama).

4. El agua del cuenco puede ser utilizada para regar plantas o derramada en la tierra.

MANTENIMIENTO ENERGÉTICO

Para mantener la elevada vibración del espacio:

1. **Mantenimiento diario:**

    o Decreta cada mañana: "YO SOY la Presencia que mantiene este hogar sellado en Luz Violeta."

    o Utiliza la visualización de la Llama Violeta envolviendo tu hogar durante 3 minutos.

2. **Mantenimiento semanal:**

- Enciende incienso de salvia o sándalo y recorre brevemente las habitaciones principales.
- Renueva los decretos de protección en las entradas.

3. **Mantenimiento mensual:**

    - Durante la luna nueva, realiza una limpieza más completa siguiendo una versión abreviada del protocolo.
    - Limpia especialmente objetos nuevos que hayan ingresado al hogar.

4. **Situaciones que requieren purificación inmediata:**

    - Después de discusiones o conflictos intensos.
    - Cuando hayan ingresado muchas personas ajenas al hogar.
    - Si algún miembro de la familia ha estado enfermo.
    - Tras pesadillas recurrentes o insomnio sin causa aparente.

II. PROTOCOLO PARA SANAR RELACIONES ESPECÍFICAS

Este protocolo está diseñado para transformar lazos kármicos y liberar patrones repetitivos en relaciones importantes. Puede aplicarse a relaciones familiares, de pareja, amistades o incluso relaciones profesionales conflictivas.

PREPARACIÓN PREVIA

1. **Materiales necesarios:**
   - Dos hojas de papel blanco
   - Un lápiz de grafito
   - Una vela violeta
   - Un pequeño recipiente de cristal con agua
   - Un cristal de amatista y uno de cuarzo rosa
   - Un hilo de color violeta o plateado

2. **Preparación personal:**
   - Este ritual debe realizarse durante la fase menguante de la luna.

- Escoge un momento en que puedas estar completamente solo y sin interrupciones.

- Toma un baño con sal marina para limpiar tu campo energético.

- Medita durante 10 minutos enfocándote en tu respiración.

PROTOCOLO POR ETAPAS

A. Diagnóstico de la Relación (20 minutos)

1. Siéntate en un lugar tranquilo con los materiales frente a ti.

2. Enciende la vela violeta decretando: "YO SOY la Llama Violeta que ilumina la verdad en esta relación."

3. En la primera hoja, dibuja un círculo en el centro y escribe tu nombre.

4. En la segunda hoja, dibuja otro círculo y escribe el nombre de la persona con quien deseas sanar la relación.

5. Cierra los ojos y visualiza a la persona. Observa qué sensaciones, emociones o recuerdos surgen.

6. En cada hoja, anota alrededor del círculo:

    - Las emociones predominantes que sientes hacia esta persona
    - Los patrones repetitivos que observas en la relación
    - Las expectativas no cumplidas
    - Los resentimientos guardados
    - Lo que aprecias y valoras de esa persona

7. Coloca ambas hojas frente a ti y observa los patrones en común.

B. Disolución de Lazos Kármicos (30 minutos)

1. Sostén ambas hojas entre tus manos y visualiza toda la historia de la relación, desde vuestro primer encuentro hasta el presente.

2. Decreta: "YO SOY la Presencia que revela ahora el propósito divino de esta relación."

3. Permanece en silencio por unos minutos, receptivo a cualquier comprensión que pueda surgir.

4. Coloca los cristales sobre cada hoja: la amatista sobre tu nombre y el cuarzo rosa sobre el nombre de la otra persona.

5. Visualiza una Llama Violeta surgiendo entre ambos papeles, transmutando toda energía acumulada.

6. Decreta lentamente, con sentimiento profundo:

"YO SOY la Ley del Perdón y la Llama Consumidora de toda discordia creada por mí o entre nosotros, consciente o inconscientemente, en esta vida o en cualquier otra existencia.

YO SOY la disolución de todo contrato, juramento, promesa o acuerdo que ya no sirve a nuestro máximo bien.

YO SOY la liberación de toda proyección, expectativa y demanda energética impuesta en esta relación.

YO SOY la purificación de todo vínculo entre nosotros, para que solo permanezca lo que es verdadero, amoroso y en alineación con el Plan Divino."

7. Visualiza hilos energéticos entre ambos papeles. Con tijeras imaginarias, corta aquellos que parecen oscuros, enredados o tensos, manteniendo solo los hilos luminosos y claros.

C. Reconfiguración del Vínculo (15 minutos)

1. Toma el hilo violeta y forma con él un símbolo de infinito (∞).

2. Coloca cada papel en un lazo del infinito, representando un nuevo equilibrio.

3. Sostén el recipiente con agua sobre este conjunto y decreta:

"YO SOY la Presencia que ahora establece un nuevo patrón de interacción basado en:

- o Libertad y respeto mutuo
- o Comunicación clara y honesta
- o Reconocimiento de la divinidad en cada uno

- Apoyo para el crecimiento individual
- [Agrega cualquier otra cualidad específica que desees]"

4. Deja caer unas gotas de agua sobre ambos papeles mientras visualizas la nueva relación manifestándose.
5. Cierra los ojos y proyéctate al futuro, viendo la relación transformada y operando desde este nuevo patrón.

D. Proyección al Espacio Compartido (10 minutos)

1. Visualiza un encuentro futuro con esta persona.
2. Imagina un campo de energía violeta rodeándolos a ambos.
3. Decreta: "YO SOY la Presencia que transmuta instantáneamente toda energía discordante que pueda surgir entre nosotros."
4. Visualiza cómo te comportarás desde este nuevo estado de conciencia, manteniendo integridad y conexión con

tu Presencia YO SOY durante la interacción.

5. Establece una palabra clave o gesto sutil que puedas usar durante encuentros reales para activar este campo de transmutación cuando sea necesario.

E. Cierre y Gratitud (5 minutos)

1. Decreta: "YO SOY la perfecta conclusión de este trabajo energético. Lo que se ha transmutado permanece liberado para siempre."

2. Agradece a la Presencia YO SOY, a Saint Germain y a los ángeles de la Llama Violeta por su asistencia.

3. Puedes conservar los papeles en un lugar seguro o quemarlos con la vela violeta como acto final de liberación (si optas por quemarlos, hazlo con precaución y en un recipiente adecuado).

SEGUIMIENTO Y REFUERZO

Para mantener y fortalecer la transformación:

1. **Práctica diaria (5 minutos):**

- Cada mañana, visualiza brevemente la relación envuelta en Llama Violeta.
- Decreta: "YO SOY la continua transmutación de toda energía pasada y presente en esta relación."

2. **Antes de cada encuentro con la persona:**
   - Toma tres respiraciones profundas.
   - Visualiza el símbolo del infinito de luz violeta entre ambos.
   - Decreta internamente: "YO SOY la Presencia Divina actuando a través de ambos en este encuentro."

3. **Después de cada interacción:**
   - Evalúa brevemente si surgieron antiguos patrones.
   - Si así fue, no te juzgues; simplemente envuelve la situación en Llama Violeta.

- Decreta: "YO SOY la transmutación instantánea de todo lo que no resonó con la perfección en este encuentro."

4. **Situaciones de recaída:** Si los viejos patrones resurgen con fuerza:

    - Repite la sección B del protocolo (Disolución de Lazos Kármicos).
    - Enfócate en identificar qué detonó la recaída.
    - Fortalece tu decreto: "YO SOY la Presencia que disuelve toda causa, efecto, registro y memoria de este patrón ahora y para siempre."

NOTAS IMPORTANTES:

1. Recuerda que la transformación de relaciones profundas puede requerir tiempo y repetición del protocolo. La persistencia es clave.
2. Este trabajo energético no sustituye la comunicación directa ni la

responsabilidad personal en la relación. Es un complemento que facilita cambios a nivel energético.

3. Este protocolo puede usarse incluso si la otra persona no está físicamente presente o no tiene conocimiento del trabajo que estás realizando. El cambio en tu campo energético influirá naturalmente en la dinámica de la relación.

4. Si la relación involucra abuso o situaciones dañinas, este protocolo no reemplaza la necesidad de establecer límites saludables o buscar ayuda profesional cuando sea necesario.

10. El "Yo Soy" Como Llave Maestra

Dentro de las dos palabras más sencillas y poderosas del lenguaje humano—"YO SOY"—se oculta un principio creador que conecta instantáneamente lo finito con lo infinito. Saint Germain reveló que esta afirmación actúa como un puente viviente entre la chispa divina interior y la conciencia universal que todo lo sustenta. Cada vez que pronunciamos "YO SOY" con plena comprensión, disolvemos momentáneamente la ilusión de separación, permitiendo que la energía primordial reconfigure la realidad a niveles que la mente racional apenas comienza a vislumbrar.

El Poder Ilimitado de la Presencia "YO SOY"

Al declarar "YO SOY" con convicción, abres el canal de la energía creadora sin restricciones. Esta simple afirmación permite que la esencia divina fluya libremente en cada aspecto de tu vida. En contraste, al expresar "Yo no soy", bloqueas la manifestación de esa fuerza superior que busca expresarse a través de ti.

Reconocer que "YO SOY" es la plena actividad de la divinidad es asumir la verdad de tu ser. Cada pensamiento, emoción y palabra nace de esta afirmación fundamental. Comprenderlo te alinea con la fuente infinita de poder y sabiduría.

El acto de declarar "YO SOY" genera una vibración que impacta directamente la estructura energética del cuerpo. La voz se convierte en vehículo de transformación, modulando la realidad a través de la intención consciente.

Aplicación Práctica del Principio "YO SOY"

Para potenciar este poder, es clave cargar la afirmación con una respiración consciente y enfocada:

1. Inhalar imaginando la "Y" como corriente ascendente de luz.

2. Retener el aire visualizando la "O" como esfera luminosa.

3. Exhalar proyectando "Soy" con la certeza de estar moldeando la realidad.

Este método, practicado en tradiciones antiguas, facilita la conexión con el ser superior y amplifica la manifestación consciente.

Cada vez que usas el "YO SOY", pones en movimiento la energía divina sin restricciones. Saber que esta afirmación activa los atributos ilimitados de la divinidad permite comprender su verdadero alcance.

Decretos y Su Impacto

Los decretos con "YO SOY" deben formularse con precisión, asegurando que cada palabra refuerce la realidad deseada. Por ejemplo, "YO SOY abundancia" es una llave de prosperidad cuando se pronuncia con intención clara y certeza absoluta. Saint Germain enseñó que la vibración de cada declaración puede potenciarse al expresarla en distintos niveles:

- Profundamente, para anclar en lo físico.
- Con el corazón, para impregnar lo emocional.

- Mentalmente, para reprogramar el pensamiento.
- En silencio, para influir en lo sutil.

En momentos de dificultad, el decreto "YO SOY el YO SOY" actúa como un ancla de poder. Su repetición consciente puede disolver bloqueos energéticos y reconfigurar patrones limitantes.

La Presencia en Acción

El reconocimiento de la Presencia "YO SOY" es esencial para manifestar resultados. Si bien la mente externa duda o espera la confirmación de su efecto, la verdad es que este principio opera al instante. Al ordenar en nombre del "YO SOY", activas la fuerza creadora sin interferencias.

La verdadera maestría surge cuando desaparece la distinción entre quien declara y lo declarado. En este estado de total integración, "YO SOY" deja de ser solo una herramienta para convertirse en una realidad constante. La energía de la llama violeta se irradia espontáneamente, elevando la vibración de cada pensamiento y acción.

Usos Prácticos del "YO SOY"

El poder de esta afirmación tiene aplicaciones concretas:

- Para protección energética: "YO SOY el observador consciente".
- Para sanación: "YO SOY la perfección manifestada".
- Para expansión espiritual: "YO SOY la luz en acción".

El uso inconsciente del "YO SOY" puede generar efectos adversos, pues cada afirmación negativa refuerza patrones limitantes. Por ello, es recomendable un período de práctica consciente en el que se eviten expresiones discordantes. Esto fortalece la conexión con la Presencia y transforma la estructura energética del ser.

Declarar "YO SOY la vida, la sustancia y la plenitud en manifestación" permite que la energía fluya sin trabas, facilitando la materialización de todo lo necesario.

Ante cualquier emoción intensa, puedes afirmar: "Solo la perfección divina se expresa en mí".

Esta simple práctica puede neutralizar cualquier impulso discordante antes de que se manifieste.

La Presencia como Estado Natural

En su máxima expresión, el "YO SOY"[26] se integra a cada aspecto de la existencia. La afirmación deja de ser solo un pensamiento o una palabra para convertirse en la esencia misma del ser. Cada latido y cada respiración reflejan esta verdad, disolviendo la ilusión de separación.

Busca en las tradiciones espirituales más profundas del mundo y descubrirás una constante: la simplicidad última esconde la complejidad más exquisita. Dos palabras—"YO SOY"—contienen el código completo del universo. ¿Cuántos pasan por alto este tesoro, creyendo que la iluminación debe ser complicada, misteriosa, inalcanzable? Mientras

---

[26] YO SOY: Expresión derivada de la revelación bíblica a Moisés y considerada en enseñanzas metafísicas como la afirmación de la presencia divina actuando en el individuo, un punto de unión entre la conciencia humana y la divinidad.

persiguen técnicas esotéricas y enseñanzas oscuras, la llave maestra espera silenciosamente, brillando a plena vista. Aquí no hay clandestinidad iniciática ni requisitos elaborados; solo el reconocimiento sobrecogedor de que la Presencia Divina no es algo a alcanzar en un futuro distante, sino la realidad fundamental que ya eres en este preciso instante.

Parte IV: Aplicaciones En La Vida Diaria

11. Sanación Emocional Acelerada

Transmutar traumas, miedos y adicciones

Cristalizadas en el campo energético, las emociones no resueltas permanecen como estructuras vibratorias que moldean silenciosamente nuestra realidad desde dimensiones etéricas. Lejos de ser simples recuerdos alojados en la mente, estos patrones se comportan como programas activos que influyen en cada decisión y experiencia hasta que son completamente transmutados. La Llama Violeta opera de manera distinta a las terapias convencionales—no analiza ni revive el pasado, sino que transforma directamente la estructura energética de la emoción estancada, permitiendo una liberación que trasciende el tiempo lineal.

Visualiza el miedo como un remolino de partículas densas girando en sentido inverso al flujo natural de tu energía. Las adicciones no son solo hábitos, sino pactos invisibles que atan el alma a ciclos repetitivos de carencia y deseo. La Llama Violeta no combate estos lazos, sino que los disuelve al elevarlos a un nivel donde su existencia se vuelve irrelevante.

El Poder del "YO SOY" en la Sanación Emocional

Ante cualquier dolor emocional o bloqueo, el recurso más poderoso es activar la Presencia "YO SOY". Este no es un concepto filosófico, sino la clave que ordena la energía, la sabiduría y el poder en su máxima expresión.

Toma tu lugar de autoridad y decreta: "YO SOY la Presencia que ordena la perfección en mi mundo y disuelve toda sombra". Esta afirmación no solo transforma lo indeseable, sino que realinea la realidad con la armonía original de tu ser. Como bien enseña Saint Germain, "es la Ley de tu propia existencia en acción".

Recuerda siempre que nada externo tiene dominio sobre ti cuando afirmas con certeza: "YO SOY la perfecta acción de la Ley Divina en cada aspecto de mi vida". La Llama Violeta no elimina experiencias difíciles, sino que las revela como oportunidades para alcanzar la maestría.

Técnicas para la Transmutación Emocional

El instante entre exhalación e inhalación[27] es un portal de acceso a la memoria profunda del alma. Cierra los ojos y visualiza una esfera de fuego amatista girando con rapidez mientras decretas: "YO SOY la transmutación de toda energía que ya no pertenece a mi esencia". Esto no es solo un acto de intención, sino una reconfiguración vibratoria del campo áurico.

---

[27] El punto de quietud entre respiraciones, conocido como kumbhaka en yoga, es considerado un momento de singularidad donde la consciencia puede acceder a estados expandidos. Esta pausa natural representa un umbral entre dimensiones donde el tiempo ordinario se suspende.

Para disipar dudas y miedos, decreta: "YO SOY la Presencia que consume toda confusión y restablece la claridad en mi ser". Al hacer esto, eliminas bloqueos mentales desde su raíz.

Los traumas más profundos requieren ajustes en la dimensión temporal. En meditación, trasládate al momento antes de tu nacimiento y observa el diseño puro de tu cuerpo emocional antes de que experiencias pasadas lo alteraran. Envía la Llama Violeta a los puntos de origen de cualquier herida y permite que el fuego sutil los reescriba. Antes de dormir, activa la regeneración energética repitiendo internamente: "AOR TAKITZIN", un código sonoro que libera las memorias celulares de patrones destructivos.

Liberación del Odio y el Resentimiento

Nada genera más desequilibrio que el odio dirigido hacia otros. Su impacto es impredecible, pues cada mente y cuerpo lo manifiestan de distinta forma. El resentimiento es una forma diluida de odio que opera en la sombra, drenando energía vital.

Para disolver estos venenos, jamás te duermas sin enviar un pensamiento de amor a aquellos con quienes has tenido conflictos. La energía del amor viaja directamente al corazón de quien lo recibe y, en su retorno, purifica a quien lo emite.

Utiliza este decreto para transformar cualquier emoción negativa: "YO SOY el Amor y la Sabiduría en acción, protegiendo y armonizando mi mundo en todo momento". Al sostener esta vibración, garantizas que cada pensamiento y acción se alineen con el equilibrio supremo.

Método Energético para la Liberación de Adicciones

Las adicciones deben tratarse desde su raíz vibratoria. En lugar de resistir el hábito, impregna su esencia con la frecuencia transmutadora. Si fumas, imagina que el humo se convierte en Llama Violeta antes de entrar en tu cuerpo. Si es una sustancia, visualízala como fuego purificador que quema la necesidad en su núcleo. Al aplicar este principio, la compulsión se diluye naturalmente.

El miedo, cuando es intenso, debe enfrentarse en su punto de mayor fuerza. Invoca la Llama Violeta en el instante preciso en que sientas que el temor quiere tomar el control. Dibuja con tu dedo el símbolo del infinito sobre tu plexo solar y observa cómo la vibración de esa geometría rompe el patrón emocional en su base.

La Práctica del Perdón

La Ley del Perdón[28] es un principio activo de liberación. No basta con desearlo; debe invocarse correctamente. Decreta con convicción: "YO SOY la Ley del Perdón y la Llama Consumidora de toda limitación en mi

---

[28] La Ley del Perdón es un principio metafísico que sostiene que al perdonar genuinamente se neutraliza la energía negativa acumulada y se disuelven los vínculos kármicos, permitiendo la transmutación de patrones repetitivos y la liberación de cargas emocionales del pasado.

vida". Esto no solo sana el pasado, sino que previene futuras repeticiones del mismo patrón.

Transmutación Profunda y Reprogramación Celular

El amanecer es el momento óptimo para la sanación acelerada. Al despertar, visualiza tus emociones negativas como pergaminos de ceniza que arden en la Llama Violeta hasta que su contenido se convierte en luz pura. No se trata de olvidar, sino de cambiar la huella vibratoria de los recuerdos.

Si sientes que llevas cargas emocionales que no reconoces como tuyas, emplea el ritual del espejo: colócate entre dos reflejos enfrentados y cubre cada imagen sucesiva con una capa de fuego violeta hasta que el último reflejo sea solo luz. Este proceso trasciende el tiempo, liberando no solo tu presente, sino también cargas heredadas.

Para obsesiones espirituales o la necesidad constante de validación externa, envuelve tu chakra coronario en una red de luz violeta cada cierto tiempo, permitiendo que filtre la información antes de ser absorbida. La verdadera libertad no es buscar la verdad fuera, sino permitir que la luz interior se expanda sin interferencias.

¿Cuándo termina verdaderamente la sanación emocional? No cuando cesa el dolor ni cuando comprendes intelectualmente tus patrones—sino en aquel instante silencioso donde la separación entre sanador y herida se disuelve completamente. Las técnicas con la Llama Violeta te llevan hasta la puerta, pero debes atravesarla solo, dejando atrás incluso el concepto de "sanación". Porque lo que encuentras al otro lado no es una versión mejorada de tu ser anterior, sino un reconocimiento desconcertante: nunca hubo nada que sanar. Bajo cada capa de sufrimiento siempre existió la perfección inmutable. La libertad definitiva llega cuando tu presencia misma se convierte en el bálsamo que transmuta automáticamente cualquier discordia, sin resistencia ni esfuerzo—como la luz que, simplemente al brillar, disuelve naturalmente toda sombra.

Programa de 7 Días para Sanación Emocional Acelerada con la Llama Violeta

DÍA 1: PREPARACIÓN Y APERTURA DEL CAMPO ENERGÉTICO

PROPÓSITO: Establecer un espacio seguro para el trabajo de transmutación y preparar el sistema energético para liberar emociones estancadas.

EJERCICIO MATUTINO - ESTABLECER LA INTENCIÓN (15 minutos)

1. Siéntate en un lugar tranquilo donde no serás interrumpido.
2. Coloca las manos sobre el regazo, palmas hacia arriba.

3. Respira profundamente tres veces, inhalando por la nariz y exhalando por la boca.

4. Decreta con convicción:

    - "YO SOY la Presencia Divina activando la transmutación perfecta en mi ser."
    - "YO SOY la luz que disuelve toda sombra emocional acumulada."
    - "YO SOY la apertura perfecta a mi sanación completa."

5. Visualiza una luz violeta suave comenzando a formarse alrededor de tu cuerpo, como una esfera protectora.

6. Permanece en esta energía durante 5 minutos, sintiendo cómo te envuelve en seguridad.

EJERCICIO VESPERTINO - BALANCE DE ENERGÍA (10 minutos)

1. Frota tus manos durante 30 segundos para activar la energía.

2. Coloca la mano izquierda sobre el plexo solar y la derecha sobre el corazón.

3. Respira profundamente, imaginando que con cada inhalación atraes luz violeta al espacio entre tus manos.

4. Repite 7 veces: "YO SOY el equilibrio perfecto de mis emociones."

5. Visualiza cómo la luz violeta comienza a girar entre tus manos, creando un vórtice purificador.

EJERCICIO NOCTURNO - PREPARACIÓN DEL SUBCONSCIENTE (5 minutos)

1. Antes de dormir, recuéstate y coloca ambas manos sobre el abdomen.

2. Inhala contando hasta 4, retén el aire contando hasta 4, exhala contando hasta 8.

3. Repite mentalmente: "YO SOY la Presencia que trabaja en perfecta armonía mientras duermo. YO SOY la luz que transmuta mi pasado en sabiduría."

4. Visualiza la Llama Violeta llenando tu habitación, creando un campo de transmutación que trabajará durante tu sueño.

DÍA 2: IDENTIFICACIÓN Y RECONOCIMIENTO DE PATRONES EMOCIONALES

PROPÓSITO: Reconocer con claridad los patrones emocionales limitantes sin juzgarlos, preparándolos para su transmutación.

EJERCICIO MATUTINO - OBSERVACIÓN CONSCIENTE (20 minutos)

1. En un cuaderno, escribe los tres patrones emocionales que más te han limitado (miedo, ira, tristeza, etc.).

2. Para cada uno, anota:

    - ¿Dónde lo sientes en tu cuerpo?
    - ¿Qué situaciones lo desencadenan?
    - ¿Cuándo recuerdas haberlo experimentado por primera vez?

3. Sin juzgar lo que has escrito, coloca ambas manos sobre el papel y decreta:

    - "YO SOY la Presencia que observa sin juicio."
    - "YO SOY la comprensión divina de estos patrones."
    - "YO SOY la sabiduría que transforma la observación en liberación."

4. Visualiza la Llama Violeta fluyendo desde tus manos hacia el papel, comenzando a disolver la carga emocional de estas palabras.

EJERCICIO VESPERTINO - MAPEO CORPORAL EMOCIONAL (15 minutos)

1. Recuéstate y realiza un escaneo corporal, comenzando por los pies y subiendo lentamente.

2. Al encontrar áreas de tensión o incomodidad, detente y pregúntate: "¿Qué emoción habita aquí?"

3. Coloca una mano sobre esa área y decreta:

- "YO SOY la luz que ilumina esta parte de mi ser."
- "YO SOY la Presencia que reconoce sin absorber."

4. Visualiza un rayo de luz violeta entrando por tu coronilla y dirigiéndose específicamente a esta área, rodeándola con calidez.

EJERCICIO NOCTURNO - ENTREGA CONSCIENTE (10 minutos)

1. Siéntate con la espalda recta y las manos sobre las rodillas.

2. Piensa en los patrones identificados durante el día y visualízalos como objetos frente a ti.

3. Decreta con decisión:

    - "YO SOY la Presencia que entrega estos patrones a la Llama Violeta."
    - "YO SOY la libertad que emerge al soltar lo que ya no me sirve."

4. Visualiza cada objeto siendo envuelto en llamas violetas, no con violencia sino con amor, transformándose en luz pura.

5. Antes de dormir, repite: "YO SOY el proceso divino de transmutación mientras descanso."

DÍA 3: TRANSMUTACIÓN DE MIEDOS Y ANSIEDAD

PROPÓSITO: Trabajar específicamente con los temores profundos y estados de ansiedad, transformándolos en confianza y seguridad.

EJERCICIO MATUTINO - DISOLUCIÓN DEL MIEDO (20 minutos)

1. Siéntate en posición cómoda y coloca las manos en forma de copa frente al plexo solar.

2. Respira profundamente e identifica tu miedo más recurrente.

3. Visualízalo como una niebla oscura en tus manos.

4. Decreta con autoridad:

    o "YO SOY la disolución de este miedo aquí y ahora."

- "YO SOY la Presencia que transmuta el temor en valentía."
- "YO SOY la seguridad divina manifestada en mi experiencia."

5. Visualiza la Llama Violeta surgiendo del centro de tus palmas, envolviendo la niebla del miedo completamente.

6. Observa cómo la niebla cambia de color, tornándose violeta y finalmente transformándose en luz blanca brillante.

7. Lleva esa luz hacia tu corazón con un movimiento suave de manos.

EJERCICIO VESPERTINO - RESPIRACIÓN TRANSMUTADORA (15 minutos)

1. De pie, con los pies separados al ancho de los hombros.

2. Coloca las manos a los lados del cuerpo, palmas hacia adelante.

3. Inhala contando hasta 7, imaginando que atraes partículas de luz violeta.

4. Retén el aire contando hasta 7, visualizando cómo esta luz se concentra en tu plexo solar.

5. Exhala contando hasta 7, imaginando que liberas toda tensión y ansiedad, transformada en luz dorada.

6. Repite este ciclo 7 veces mientras decretas mentalmente:
    - "YO SOY la calma perfecta en toda situación."

EJERCICIO NOCTURNO - ESCUDO DE PROTECCIÓN (10 minutos)

1. Recuéstate en posición cómoda.

2. Coloca las manos sobre el pecho, formando un triángulo con los dedos pulgares e índices.

3. Visualiza un escudo de Llama Violeta formándose a tu alrededor, protegiéndote durante el sueño.

4. Decreta tres veces:
    - "YO SOY protegido por la Llama Violeta mientras duermo."

- "YO SOY liberado de todo patrón de miedo en mi subconsciente."
- "YO SOY la transmutación perfecta ocurriendo en los niveles más profundos de mi ser."

5. Duerme manteniendo las manos en esta posición el mayor tiempo posible.

DÍA 4: LIBERACIÓN DE RESENTIMIENTOS Y HERIDAS PASADAS

PROPÓSITO: Disolver el resentimiento hacia otros y hacia uno mismo, restaurando la armonía en relaciones pasadas y presentes.

EJERCICIO MATUTINO - CEREMONIA DEL PERDÓN (25 minutos)

1. Prepara un recipiente con agua y siete gotas de aceite esencial (preferentemente lavanda o sándalo).

2. Siéntate frente al recipiente y enciende una vela violeta o blanca.

3. En una hoja de papel, escribe los nombres de personas con quienes sientes

resentimiento o a quienes necesitas perdonar (incluye tu propio nombre).

4. Respira profundamente y decreta con sinceridad:

    - "YO SOY la Ley del Perdón en acción."
    - "YO SOY la liberación de toda memoria de injusticia."
    - "YO SOY la disolución de todo vínculo kármico limitante."

5. Para cada nombre en la lista, repite: "Te envío la plenitud de mi perdón y mi amor. YO SOY la libertad para ambos."

6. Visualiza a cada persona rodeada de Llama Violeta, viendo cómo los lazos energéticos entre ustedes se transforman de oscuros a luminosos.

7. Al finalizar, dobla el papel y quémalo con la vela (con precaución), visualizando cómo la Llama Violeta transmuta todas estas energías.

8. Derrama el agua en la tierra como símbolo de liberación.

EJERCICIO VESPERTINO - REESCRITURA ENERGÉTICA (15 minutos)

1. Identifica una situación pasada que aún cause dolor emocional.
2. Siéntate con la espalda recta y las manos sobre el corazón.
3. Cierra los ojos y visualiza la escena como si la observaras en una pantalla.
4. Decreta con convicción:
    - "YO SOY la Presencia que transforma esta memoria ahora."
    - "YO SOY la libertad de todas las energías atrapadas en este recuerdo."
5. Visualiza la Llama Violeta entrando en la escena, envolviendo a todos los involucrados, disolviendo la carga emocional sin cambiar los hechos.
6. Observa cómo cambian las expresiones y la energía de las personas en tu visualización.

7. Finaliza decretando: "YO SOY la paz perfecta con este aspecto de mi historia."

EJERCICIO NOCTURNO - RESTAURACIÓN DE VÍNCULOS (10 minutos)

1. Antes de dormir, recuéstate y coloca las manos sobre el pecho.

2. Visualiza un hilo de luz violeta conectándote con cada persona que necesitas perdonar.

3. Observa cómo este hilo pulsa con Llama Violeta, transmutando cualquier energía negativa.

4. Decreta suavemente:

    - "YO SOY la armonía perfecta en todas mis relaciones."

    - "YO SOY el amor incondicional fluyendo a través de estos vínculos."

    - "YO SOY la transmutación de todo resentimiento en comprensión superior."

5. Visualiza estos hilos de luz disolviéndose naturalmente, dejando una sensación de libertad y paz.

DÍA 5: TRANSFORMACIÓN DE HÁBITOS AUTODESTRUCTIVOS Y ADICCIONES

PROPÓSITO: Erradicar patrones compulsivos y adicciones mediante la elevación de su vibración energética y la reprogramación de impulsos.

EJERCICIO MATUTINO - IDENTIFICACIÓN DE LA RAÍZ (20 minutos)

1. En un ambiente tranquilo, siéntate e identifica el hábito o adicción que deseas transformar.
2. Coloca una mano sobre el plexo solar y otra sobre el corazón.
3. Pregúntate internamente: "¿Qué busco realmente a través de este hábito?"
4. Escucha atentamente la respuesta que surge desde tu interior.
5. Decreta con compasión:

- "YO SOY la satisfacción perfecta de esta necesidad verdadera."
- "YO SOY la transmutación de este impulso en energía creativa."
- "YO SOY la liberación de todo patrón compulsivo en mi cuerpo y mente."

6. Visualiza la Llama Violeta fluyendo desde tu corazón hacia todas las células de tu cuerpo, especialmente aquellas que están vinculadas al hábito compulsivo.

EJERCICIO VESPERTINO - TRANSMUTACIÓN DEL IMPULSO (15 minutos)

1. De pie, con los pies separados al ancho de las caderas.
2. Frota tus manos hasta sentirlas cálidas.
3. Colócalas a ambos lados de la cabeza, sin tocarla, visualizando energía violeta fluyendo entre ellas a través de tu mente.
4. Decreta con firmeza:
   - "YO SOY la recalibración de mis impulsos neuronales."

- o "YO SOY la Presencia que transmuta toda dependencia."
- o "YO SOY la maestría sobre cada célula de mi cuerpo."

5. Visualiza específicamente el comportamiento adictivo y observa cómo la Llama Violeta lo envuelve completamente, transformando su naturaleza.

6. Finaliza dibujando con tus manos el símbolo del infinito frente a tu cuerpo, decretando: "YO SOY libre, aquí y ahora."

EJERCICIO NOCTURNO - REPROGRAMACIÓN DURANTE EL SUEÑO (10 minutos)

1. Recuéstate y coloca las manos a los lados del cuerpo, palmas hacia arriba.

2. Visualiza siete esferas de Llama Violeta flotando sobre ti.

3. Decreta con confianza:

- "YO SOY la reprogramación de mis patrones subconscientes mientras duermo."
- "YO SOY la disolución de todo registro celular de adicción."
- "YO SOY la libertad y la plenitud manifestadas en mi experiencia."

4. Observa cómo las esferas descienden lentamente, incorporándose a tu cuerpo en diferentes puntos, liberando su energía transmutadora.

5. Con cada respiración, repite mentalmente: "AOR TAKITZIN", el código sonoro mencionado en el libro que libera las memorias celulares de patrones destructivos.

DÍA 6: SANACIÓN DE TRAUMAS PROFUNDOS

PROPÓSITO: Abordar y transformar experiencias traumáticas arraigadas, restaurando la integridad energética de eventos pasados.

EJERCICIO MATUTINO - REGRESIÓN CONSCIENTE PROTEGIDA (30 minutos)

1. Crea un ambiente seguro, posiblemente con una vela violeta y un cuarzo amatista cerca.

2. Recuéstate cómodamente con una manta ligera sobre el cuerpo.

3. Respira profundamente durante 3 minutos, estableciendo un ritmo calmado.

4. Decreta con serenidad:

    - "YO SOY protegido completamente en este proceso."

    - "YO SOY la Presencia Divina guiando esta sanación."

    - "YO SOY la luz que ilumina las sombras del pasado sin reactivarlas."

5. Visualiza un escudo de Llama Violeta a tu alrededor antes de comenzar.

6. Con gentileza, permite que tu mente se dirija hacia el recuerdo traumático, observándolo como si fuera una película en una pantalla a cierta distancia.

7. Sin revivir la experiencia, decreta:

- "YO SOY la transmutación de esta experiencia ahora."
- "YO SOY la reescritura energética de este evento en todos los niveles."

8. Visualiza la Llama Violeta inundando la escena, transformando a todos los involucrados, incluido tu yo pasado.

9. Observa cómo tu yo pasado es envuelto en luz, restaurando la integridad que pareció perderse.

10. Para finalizar, decreta: "YO SOY la integración perfecta de la sabiduría de esta experiencia, liberado de su dolor."

EJERCICIO VESPERTINO - RESTAURACIÓN DE FRAGMENTACIÓN (20 minutos)

1. Siéntate en posición meditativa y coloca las manos en mudra de loto (manos en copa, una sobre otra, pulgares tocándose).

2. Visualiza frente a ti las partes de tu ser que pudieron fragmentarse debido a traumas.

3. Con amor y compasión, decreta:
   - "YO SOY la Presencia que llama de regreso todas mis partes fragmentadas."
   - "YO SOY la reintegración perfecta de mi ser completo."
   - "YO SOY la restauración de mi matriz energética original."
4. Visualiza fragmentos de luz regresando a ti desde diferentes direcciones, cada uno envuelto en Llama Violeta antes de reintegrarse a tu campo energético.
5. Al recibir cada fragmento, agradece su regreso y reconoce su valor.
6. Finaliza visualizando tu ser completamente unificado, brillando con luz violeta dorada.

EJERCICIO NOCTURNO - TRANSMUTACIÓN DURANTE EL SUEÑO (15 minutos)

1. Antes de dormir, crea un triángulo con tus manos sobre el plexo solar (yemas de los dedos tocándose).

2. Decreta con intención clara:

    - "YO SOY la sanación perfecta que ocurre mientras duermo."
    - "YO SOY la disolución de todo registro traumático en mi ADN celular."
    - "YO SOY la Presencia que transforma estas memorias en luz pura."

3. Visualiza tu cuerpo como un campo de Llama Violeta, con especial intensidad en áreas donde sientes que el trauma quedó registrado físicamente.

4. Observa cómo esta llama trabaja a nivel celular, restaurando el diseño divino original.

5. Antes de dormir, solicita conscientemente: "Solicito a mi Ser Superior que complete esta sanación durante mi sueño, transmutor en luz todos los aspectos ocultos de estos traumas."

DÍA 7: INTEGRACIÓN Y ANCLAJE DE LA NUEVA FRECUENCIA

PROPÓSITO: Consolidar los cambios realizados durante la semana, anclando una nueva vibración e integrando las partes sanadas en una totalidad coherente.

EJERCICIO MATUTINO - CELEBRACIÓN DE LA LIBERTAD (25 minutos)

1. Al despertar, siéntate en un lugar donde pueda llegar la luz del sol (si es posible).
2. Coloca las manos en posición receptiva frente a tu corazón.
3. Decreta con gratitud y alegría:
    - "YO SOY la plenitud de mi ser liberado."
    - "YO SOY la manifestación de mi diseño divino original."
    - "YO SOY la gratitud por cada transmutación realizada."
4. Realiza siete respiraciones profundas, visualizando con cada inhalación que atraes luz dorada-violeta.

5. Con cada exhalación, siente cómo esta luz se ancla permanentemente en cada célula de tu cuerpo.

6. Luego, levántate y realiza una danza libre durante 3-5 minutos, permitiendo que tu cuerpo exprese la nueva libertad encontrada.

7. Finaliza con los brazos extendidos hacia el cielo, decretando: "YO SOY libre. YO SOY luz. YO SOY amor en acción."

EJERCICIO VESPERTINO - SELLADO Y PROTECCIÓN (20 minutos)

1. En un ambiente tranquilo, crea un círculo con objetos significativos (cristales, flores, símbolos personales).

2. Siéntate en el centro de este círculo con una vela violeta o blanca encendida frente a ti.

3. Coloca las manos sobre el suelo, conectándote con la tierra.

4. Decreta con autoridad:

    o "YO SOY la permanencia de toda transmutación realizada."

- "YO SOY protegido y sellado en esta nueva frecuencia."
- "YO SOY inmune a toda regresión energética o recaída."

5. Visualiza raíces de luz violeta descendiendo desde tu cuerpo hacia el centro de la Tierra, anclando todos los cambios realizados.

6. Luego, visualiza una columna de luz dorada descendiendo desde arriba, sellando todo el trabajo realizado.

7. Observa cómo estas energías forman un toro (forma de donut) de luz pulsante a tu alrededor, estabilizando tu nuevo campo energético.

8. Finaliza con un agradecimiento sincero a tu Presencia "YO SOY" y a los Maestros Ascendidos que han asistido en este proceso.

EJERCICIO NOCTURNO - PROYECCIÓN HACIA EL FUTURO (15 minutos)

1. Recuéstate cómodamente con un cristal de amatista sobre el tercer ojo (si está disponible).

2. Cierra los ojos y comienza a visualizar tu vida en los próximos meses, libre de las cargas emocionales que has transmutado.

3. Observa con detalle cómo te mueves, hablas y sientes en este futuro ya manifestado.

4. Decreta con certeza absoluta:

    - "YO SOY la manifestación perfecta de esta realidad aquí y ahora."

    - "YO SOY la sustancia y la esencia de este futuro liberado."

    - "YO SOY el puente entre este ideal y su manifestación física."

5. Siente la emoción de este futuro como si ya estuviera ocurriendo en este momento.

6. Antes de dormir, decreta una última vez: "YO SOY la integración perfecta de todo este trabajo en mi existencia diaria. YO SOY la Presencia que mantiene esta frecuencia elevada en cada pensamiento, palabra y acción."

RECOMENDACIONES PARA MANTENER LOS RESULTADOS

1. **Práctica Diaria de Mantenimiento:** Dedica al menos 10 minutos diarios a renovar la energía de transmutación con decretos básicos y visualización de la Llama Violeta.

2. **Momentos de Alerta:** Establece recordatorios para invocar la Llama Violeta cuando sientas que viejos patrones intentan regresar.

3. **Grupo de Apoyo:** Si es posible, comparte esta práctica con personas

afines, creando un campo de soporte mutuo que amplifique los resultados.

4. **Revisión Lunar:** Con cada luna nueva, revisa tu progreso y renueva tu compromiso con la sanación continua.

5. **Diario de Transmutación:** Mantén un registro de tus experiencias, descubrimientos y cambios, que servirá como testimonio de tu transformación.

12. Abundancia Y Prosperidad

La abundancia no es algo que se persiga, sino una verdad que se reconoce. Es el reflejo de la conciencia alineada con la fuente infinita de provisión. Los decretos no atraen riqueza desde fuera, sino que despiertan el recuerdo de la conexión con la abundancia universal. Saint Germain enseña que cada intercambio económico es, en esencia, un movimiento de energía, un flujo que podemos dirigir conscientemente.

La Esencia de la Abundancia Verdadera

El error más común es creer que la prosperidad proviene de circunstancias externas, cuando en realidad, su origen está en la Presencia "YO SOY". Saint Germain afirma: *"YO SOY la riqueza de Dios en acción"*. Este entendimiento es la base de toda opulencia duradera.

Quien comprende que la verdadera abundancia es un estado interior ya no se ve afectado por las fluctuaciones del mundo material. Se convierte en un creador consciente de su realidad financiera, manifestando prosperidad sin depender de condiciones externas.

Decreto Maestro para la Opulencia

En el centro del ser se encuentra el poder de transformar la escasez en abundancia. La Llama Violeta actúa como una energía purificadora que disuelve bloqueos y abre el camino a nuevas oportunidades. Pronuncia este decreto con plena convicción:

"YO SOY el canal perfecto a través del cual fluye la riqueza infinita".

Al hacerlo en momentos de calma interior, refuerzas la conexión con la fuente ilimitada de provisión. Saint Germain sugiere sostener la afirmación:

"YO SOY, YO SOY, Yo sé que YO SOY el uso de la ilimitada Opulencia de Dios".

Este decreto no solo atrae la riqueza necesaria, sino que también irradia bendiciones a quienes comparten el mismo propósito.

Prácticas para la Manifestación de Prosperidad

Purificación de instrumentos financieros: Imagina una luz violeta envolviendo tus tarjetas, documentos y cuentas bancarias, reprogramándolos para ser canales de abundancia.

Liberación de deudas: Escribe en un papel tus obligaciones económicas y quémalo mientras decretas la transmutación de toda carga en nuevas oportunidades.

Carga energética del dinero: Antes de utilizarlo, visualiza cada billete rodeado de luz violeta, eliminando cualquier influencia negativa y alineándolo con la circulación armoniosa de la riqueza.

Elevación de la energía empresarial: Si un negocio se encuentra estancado, imagina su estructura envuelta en un campo de luz violeta y observa cómo se renueva su vitalidad económica.

La Presencia Gobernante en la Actividad Financiera

El secreto de la prosperidad radica en decretar con certeza:

"YO SOY la Presencia que ordena mi éxito y bienestar".

Al sostener esta afirmación con fe inquebrantable, se activan las condiciones necesarias para la estabilidad y expansión financiera. Como señala Saint Germain:

"YO SOY la Presencia Gobernante que abre el camino para toda provisión perfecta".

Este principio permite la manifestación de abundancia sin esfuerzo ni lucha, eliminando cualquier barrera que impida su flujo natural.

La Ley de Oferta y Demanda Espiritual

Existe una provisión infinita esperando ser utilizada, pero es necesario reconocerla y reclamarla con autoridad. Afirma con certeza:

"YO SOY la abundancia divina manifestada en mi vida ahora".

El único obstáculo para la manifestación de la prosperidad es la duda. Los pensamientos de escasez interrumpen el flujo natural de la riqueza. Mantener la atención en la Presencia "YO SOY" es la clave para recibir sin interferencias.

Anclaje de la Prosperidad Permanente

Para superar desafíos económicos, Saint Germain recomienda un ejercicio simple pero poderoso:

- En momentos de incertidumbre, declara: "YO SOY la Sustancia y la Opulencia de todo lo que necesito".

- Visualiza esta afirmación expandiéndose en tu realidad y sostén la certeza de que la solución está en marcha.

Quienes aplican este principio con disciplina descubren que la estabilidad financiera es una extensión natural de su conexión con la fuente divina.

La Ley de Circulación y Expansión de la Riqueza

La abundancia se multiplica cuando se pone en movimiento. Un acto simbólico poderoso es destinar una parte de lo recibido a la expansión del bienestar general, ya sea con acciones generosas o con inversiones alineadas con la armonía y el crecimiento.

El desapego es otro factor esencial: cuando se decreta una necesidad, debe soltarse sin ansiedad, permitiendo que se manifieste en el momento y la forma perfecta. Para fortalecer este proceso, visualiza tu deseo siendo envuelto en luz violeta y liberado en el espacio infinito.

Contempla por un momento la paradoja del océano y la gota: el océano no posee más agua que la que ya contiene cada gota en su esencia. Saint Germain revela que la prosperidad funciona bajo este mismo principio fractal. ¿Qué ocurre cuando dejas de percibir el dinero como recurso externo y comienzas a experimentarlo como expresión tangible de tu estado de conciencia? La carencia se revela como ilusión óptica—distorsión temporal en la percepción del abundante flujo universal. El verdadero alquimista no transforma metales en oro; transmuta su relación con la sustancia misma del universo. Este es el secreto radiante escondido a plena vista: la abundancia nunca fue un destino a alcanzar, sino la naturaleza fundamental de quien ya eres.

Decretos Diarios De Prosperidad

Para Comenzar el Día (al amanecer)

- "YO SOY la Presencia de Dios en acción, manifestando abundancia perfecta en mi vida hoy."

- "YO SOY la riqueza de Dios fluyendo libremente hacia mí y a través de mí ahora."

- "YO SOY una con la sustancia dorada del universo, que se manifiesta en mi experiencia como provisión ilimitada."

Para Situaciones de Emergencia Financiera

- "YO SOY la Llama Violeta Transmutadora disolviendo toda limitación financiera en mi vida."

- "YO SOY la Presencia que ordena la solución perfecta e inmediata de esta situación."

- "YO SOY la liberación instantánea de todos los recursos que necesito en este momento."

Para Eliminar Deudas

- "YO SOY la Llama Violeta consumiendo toda deuda, toda obligación financiera negativa, ahora y siempre."
- "YO SOY la plena y completa liberación de todas mis cargas económicas."
- "YO SOY la Ley del Perdón y la Llama Consumidora de todo registro de deuda en los planos visibles e invisibles."

Para Crear Nuevas Oportunidades de Ingresos

- "YO SOY la Presencia que atrae infinitas oportunidades de prosperidad hacia mi vida."
- "YO SOY receptivo a nuevos canales de abundancia que se manifiestan de formas inesperadas y armoniosas."

- "YO SOY la inteligencia divina que me guía hacia mi máxima expresión de talento y recompensa material."

Para Liberar Bloqueos Generacionales sobre el Dinero

- "YO SOY la Llama Violeta que purifica toda creencia negativa sobre la riqueza heredada de mis ancestros."

- "YO SOY libre de todo patrón familiar restrictivo relacionado con la prosperidad."

- "YO SOY la transmutación de la pobreza en abundancia a través de todas mis líneas generacionales, pasadas, presentes y futuras."

RITUAL COMPLETO PARA LA MANIFESTACIÓN MATERIAL

Preparación (3 días antes)

1. **Purificación del Espacio**:
    - Limpia físicamente el área donde realizarás el ritual.

- Visualiza la Llama Violeta recorriendo cada rincón, disolviendo energías estancadas.

- Declara: "YO SOY la pureza divina en este espacio, preparándolo para recibir la abundancia perfecta."

2. **Preparación Personal**:

    - Durante estos tres días previos, abstente de conversaciones negativas sobre finanzas.

    - Baño ritual: Añade al agua 7 gotas de aceite esencial de canela y visualiza que te sumerges en un estanque de luz dorada-violeta.

    - Antes de dormir, visualiza tu objetivo financiero ya manifestado, sintiéndolo como real.

Elementos para el Ritual Principal

- Un cuenco de cobre o latón
- Siete monedas de diferentes denominaciones

- Una vela violeta y otra dorada
- Papel de arroz o pergamino natural
- Tinta dorada o azafrán diluido (si es posible)
- Una pluma nueva
- Incienso de sándalo o benjuí
- Una piedra de amatista y un cuarzo citrino
- Un pequeño espejo

Ejecución del Ritual (preferentemente durante luna creciente)

1. **Apertura Ceremonial** (5 minutos):
   - Enciende primero la vela violeta, declarando: "YO SOY la Llama Violeta consumiendo toda limitación en mi conciencia."
   - Enciende la vela dorada, afirmando: "YO SOY la Presencia Dorada de infinita opulencia manifestándose ahora."

- Enciende el incienso como símbolo de la elevación de tu conciencia.

2. **Círculo de Protección** (3 minutos):

    - Gira en sentido horario alrededor de tu espacio de trabajo mientras decretas: "YO SOY el Círculo Electrónico de protección que sella este espacio sagrado en Luz Violeta. Nada que no sea de la Luz puede penetrar aquí."

3. **Invocación a la Llama Violeta** (3 minutos):

    - Coloca las manos sobre el corazón y declara tres veces: "YO SOY la Llama Violeta manifestando el fuego sagrado de la abundancia divina en mi vida."

    - Visualiza un pilar de luz violeta descendiendo desde arriba, penetrando tu coronilla y llenando todo tu ser.

4. **Escritura Sagrada** (10 minutos):

- Con la tinta especial, escribe en el papel de arroz tu meta financiera específica.

- Importante: Escribe como si ya estuviera manifestada, usando tiempo presente.

- Ejemplo: "YO SOY profundamente agradecido por la abundante prosperidad que fluye hacia mí a través de [meta específica]."

- Dibuja el símbolo ∞ (infinito) en la parte superior del papel y un triángulo con el vértice hacia arriba en la parte inferior.

5. **Activación del Vórtice de Manifestación** (7 minutos):

    - Coloca las siete monedas formando un círculo alrededor del cuenco.

    - Pon la amatista en el borde este y el citrino en el borde oeste del círculo.

- Coloca tu decreto escrito en el fondo del cuenco.

- Sostén el espejo sobre el cuenco, reflejando las velas, y declara: "YO SOY la manifestación reflejada de mi perfecta abundancia divina. Como arriba es abajo, como adentro es afuera."

6. **Respiración Dorada-Violeta** (5 minutos):

    - Siéntate con la espalda recta frente a tu altar de manifestación.

    - Inhala contando hasta 7, visualizando luz dorada entrando por tu coronilla.

    - Retén el aire contando hasta 7, visualizando esta luz transformándose en violeta brillante en tu corazón.

    - Exhala contando hasta 7, viendo esta luz violeta-dorada expandiéndose para crear tu realidad deseada.

- Repite 7 veces este ciclo respiratorio.

7. **Decretos de Manifestación** (7 minutos): Repite cada uno de estos decretos 3 veces:

    - "YO SOY la Presencia Mágica que hace aparecer la sustancia divina a mi orden."

    - "YO SOY la Ley de Atracción Magnética, que atrae hacia mí toda la riqueza que necesito y deseo."

    - "YO SOY la manifestación visible y tangible de [tu objetivo específico] ahora."

    - "YO SOY la Ley del Perdón, transmutando toda energía de carencia que he creado alguna vez."

    - "YO SOY la Presencia que acepta y recibe la abundancia con gratitud y alegría."

8. **Sello Vibratorio** (3 minutos):

- Coloca ambas manos sobre el cuenco y proyecta energía desde tu corazón, sellando la intención.

- Declara con certeza: "YO SOY la Ley que sella esta manifestación en el plano etérico, físico y en todos los niveles intermedios. ¡ESTÁ HECHO! ¡ESTÁ HECHO! ¡ESTÁ HECHO!"

9. **Gratitud y Cierre** (3 minutos):

    - Agradece a la Presencia YO SOY, a Saint Germain y a la Llama Violeta: "YO SOY profundamente agradecido por la perfecta manifestación que ya está en movimiento. Gracias, Bendito Saint Germain, por tu asistencia en este proceso divino."

    - Finaliza con: "YO SOY la aceptación consciente de que mi decreto está cumplido. Y así es."

Seguimiento del Ritual (21 días)

1. **Activación Diaria**:

- Cada mañana, sostén en tus manos el papel con tu decreto y repítelo una vez.
- Cada noche, antes de dormir, visualiza por 5 minutos tu meta como ya cumplida.

2. **Transmutación de Dudas**:

    - Si surgen dudas o preocupaciones, inmediatamente decreta: "YO SOY la Llama Violeta consumiendo toda duda. YO SOY la certeza de mi abundancia perfecta."

3. **Acciones Inspiradas**:

    - Mantente atento a ideas, inspiraciones o impulsos que surjan durante estos 21 días.
    - Actúa sobre ellos de manera confiada, sabiendo que son parte del proceso de manifestación.

4. **Completar el Ciclo**:

- En el día 21, lee por última vez tu decreto y quémalo en la llama de una vela violeta.
- Mientras se consume, declara: "YO SOY la gratitud por la perfecta manifestación de este decreto en mi mundo visible."

PRÁCTICAS PARA SOSTENER LA CONCIENCIA DE ABUNDANCIA

Campo Áurico de Prosperidad (práctica diaria de 3 minutos)

1. Cierra los ojos y visualiza tu cuerpo rodeado por un óvalo de luz dorada-violeta.
2. Expande este óvalo hasta que tenga aproximadamente 3 metros de diámetro.
3. Decreta:
   - "YO SOY un imán consciente para la opulencia divina."
   - "YO SOY un centro radiante de prosperidad infinita."

- "YO SOY la abundancia en expansión constante."

4. Siente que este campo vibratorio te acompaña durante todo el día.

Técnica del Espejo Dorado (práctica semanal)

1. Frente a un espejo, mira directamente a tus ojos.

2. Visualiza un sol dorado brillando desde tu plexo solar.

3. Con voz firme, como hablándole a la persona más importante, declara:

   - "YO SOY la riqueza de Dios manifestada en mi experiencia."

   - "YO SOY digno de recibir todos los tesoros del universo."

   - "YO SOY un ser de abundancia infinita."

4. Observa cómo tu expresión cambia, reflejando esta verdad interior.

Respiración de Transmutación Financiera (para momentos de ansiedad)

1. Inhala profundamente, visualizando luz dorada.
2. Retén el aire, visualizando esta luz transformándose en violeta brillante.
3. Exhala, viendo la luz violeta consumiendo toda preocupación financiera.
4. Repite mentalmente:
    - "YO SOY libre de toda preocupación sobre el dinero."
    - "YO SOY la provisión infinita manifiesta."

NOTA FINAL

Recuerda que estos ejercicios y decretos actúan como llaves vibratorias que reconfiguran tu campo energético. Su efectividad aumenta con la práctica constante y la convicción interna. La verdadera manifestación ocurre cuando el decreto externo y la certeza interna están perfectamente alineados. Como enseñó Saint Germain: "El poder de manifestación no depende de la repetición mecánica de palabras, sino de la vibración con que estas palabras son impregnadas por el sentimiento consciente del decreto."

La abundancia ya es tuya por derecho divino. Estos procesos simplemente remueven los velos que te impiden experimentarla plenamente.

13. Amor Y Relaciones Kármicas

Cortar lazos tóxicos y magnetizar parejas afines.

Tejidos a través de siglos, los vínculos kármicos no son simples lazos entre personas, sino ecos vibrantes de promesas incumplidas que atraviesan el velo del tiempo y el espacio. Cada encuentro que despierta sensación de familiaridad instantánea revela un fragmento de historia ancestral resonando en la médula del alma. La Llama Violeta no corta estas conexiones—su acción es más sutil y profunda—revela la intrincada red de enlaces energéticos que mantienen corazones atados a pactos antiguos, ofreciendo la posibilidad de completar lecciones sin perpetuar patrones limitantes.

Piensa en las relaciones tóxicas como nudos de energía enredados en la columna astral, no por malicia, sino por hábito. No se trata de ataques, sino de un intercambio inconsciente de fuerzas que mantienen activa una historia que ya debería haberse cerrado. Liberarse requiere comprender que lo que se ha llamado "amor" puede ser simplemente apego a una coreografía repetitiva, una geometría emocional que se desgastó hace vidas.

La Presencia "YO SOY" en Toda Relación

En el centro de cada vínculo humano yace una verdad esencial: la chispa divina está presente en cada ser. Saint Germain nos enseña que la clave para la armonía es reconocerlo: *"YO SOY la única Presencia actuando en cada persona que conozco"*.

Cuando las relaciones se tornan difíciles, debemos recordar que solo hay una fuerza real en acción: la inteligencia y el amor divino. Todo lo demás es ilusión creada por la mente humana. No importa qué forma tome el conflicto; al final, lo único que puede restablecer la armonía es reconocer la perfección de la Presencia en el otro.

Para transformar cualquier relación, afirma: *"YO SOY Dios en acción en esta persona"*. Al hacerlo, estableces un campo de equilibrio que trasciende las apariencias. La luz que activas en el otro es la misma que despierta dentro de ti.

Envío Consciente de Amor: Transmutación Kármica

Para liberar ataduras del pasado, no hay herramienta más efectiva que enviar amor conscientemente. Saint Germain enfatiza que quien desea avanzar en la luz nunca debe dormirse sin haber bendecido con amor a todo aquel que, en algún momento, le haya causado dolor.

Este acto es más que una intención: es una vibración real que alcanza la conciencia del otro sin que la distancia, el tiempo o el orgullo puedan impedirlo. Y su efecto es inmediato: el amor enviado regresa multiplicado, creando un ciclo virtuoso que va disolviendo los nudos del karma.

Un decreto poderoso para esta práctica es:

"YO SOY el Amor Divino fluyendo a través de mí hacia [nombre de la persona], bendiciendo, sanando y transformando toda energía discordante entre nosotros."

Técnica del Espejo Invertido

Cuando la intensidad emocional alcanza su punto más alto, ponte frente a un espejo. Observa tu reflejo y comprende que lo que ves no es el conflicto, sino una sucesión de versiones tuyas que han repetido este mismo drama. Susurra: *"YO SOY el espacio entre latidos donde nacen nuevos destinos"*.

Visualiza la Llama Violeta emergiendo desde tu interior y disolviendo los hilos energéticos que aún te atan a pactos olvidados. No es separación, sino reconfiguración: dejas de ser prisionero de historias pasadas y te conviertes en creador de un nuevo equilibrio.

Atracción de Parejas

Las almas afines no se buscan; se encuentran cuando la vibración es la correcta. Si deseas magnetizar una relación auténtica, tu energía debe convertirse en un faro. Cada noche, antes de dormir, imagina una red de luz violeta tejiéndose sobre tu espacio, abriendo caminos invisibles hacia encuentros significativos.

Las conexiones se materializan en sincronías sutiles: un cruce de miradas en un tren, una conversación inesperada, un error que lleva al destino correcto. Cuando tu campo vibracional se alinea con el amor real, el universo responde.

Liberación del Juicio y la Crítica

Saint Germain advierte que criticar o condenar a otros es una trampa energética: todo juicio que envías regresa a ti con la misma carga destructiva. La mente que juzga, en realidad, se envenena a sí misma.

En lugar de caer en la crítica, adopta esta afirmación:

"YO SOY la Presencia que ve únicamente la perfección divina en cada ser que encuentro."

Cada persona está en un punto único de su evolución. No conocemos las lecciones que su alma atraviesa ni las razones detrás de sus acciones. Liberarnos del juicio nos permite ver con claridad y actuar con sabiduría.

Ritual de Disolución de Pactos

Si deseas cerrar una relación kármica, escribe en un papel los patrones que deseas soltar. Dóblalo y colócalo en un recipiente con agua energizada bajo la luna nueva. Visualiza cómo la Llama Violeta viaja a través del líquido, transmutando los restos de energía atrapada en esa historia.

Bebe siete sorbos al amanecer, con la intención de absorber la luz purificada y liberar el pasado. No como un acto de ruptura, sino como una transición consciente hacia un nuevo equilibrio.

Transmutación del Rencor y el Resentimiento

El resentimiento es un veneno silencioso. Saint Germain lo describe como una energía que destruye tanto la mente como el cuerpo. Para sanarlo, sigue estos pasos:

1. Reconoce el sentimiento sin resistirte a él.

2. Invoca la Ley del Perdón: *"YO SOY la Ley del Perdón actuando en mi conciencia y en mi mundo."*

3. Visualiza a la persona envuelta en la Llama Violeta, observando cómo toda discordia se transmuta.

4. Afirma: *"Te envío la plenitud de mi amor divino para que seas bendecido y prosperes."*

No se trata de justificar lo que ocurrió, sino de liberar la carga emocional. El perdón es una liberación personal; su efecto es inmediato sobre quien lo practica.

Magnetización de un Amor Consciente

Si buscas atraer una pareja alineada con tu esencia, realiza este ejercicio al atardecer:

1. Dibuja un símbolo de infinito sobre tu pecho con incienso.

2. Sopla hacia los cuatro puntos cardinales mientras pronuncias: *"KALINATE*

VORAX", activando la memoria celular del reconocimiento vibracional.

3. No imagines a tu pareja como una persona, sino como una constelación de luz que se mueve en perfecta armonía.
4. Visualiza esa energía fusionándose con tu corazón, guiada por la Llama Violeta.

La Ordenación de Relaciones Armoniosas

La paz en nuestras relaciones comienza con el equilibrio interno. Un decreto clave para atraer armonía es:

"YO SOY la Presencia gobernante dirigiendo en perfecto orden divino, estableciendo la felicidad y la plenitud en mi vida y en todas mis relaciones."

Cuando la conciencia se alinea con el amor, el entorno responde reflejando esa vibración. Existe un punto exacto en la evolución espiritual donde comprendes, no como concepto sino como experiencia viva, que las relaciones nunca fueron medios para alcanzar completitud. El shock de esta revelación desmantela estructuras completas de pensamiento: ¿Y si el propósito del amor no fuera llenar vacíos sino amplificar plenitudes? ¿Si cada encuentro representara no la búsqueda de la otra mitad, sino el reconocimiento entre totalidades? Saint Germain guardó este conocimiento para quienes estuvieran preparados para abandonar la visión romántica de dependencia. El amor maduro no necesita perseguir ni retener; simplemente reconoce, celebra y permite. En esta libertad radical, lo kármico se disuelve naturalmente, dejando solo el presente inmaculado donde dos seres completos danzan sin necesitarse, pero eligiéndose conscientemente a cada instante.

14. Protección Energética

Escudos violetas contra ataques psíquicos y entidades

La verdadera protección energética no se construye, se recuerda. No es una barrera que se levanta contra agresiones externas, sino el reconocimiento de que toda influencia psíquica es solo un reflejo distorsionado de la energía no integrada en tu propio campo. La Llama Violeta no defiende, sino que revela y transforma: desmantela los lazos del miedo, disuelve las sombras y restaura la energía a su estado puro. Saint Germain enseña que las entidades negativas no son más que pensamientos sin dueño, formas etéricas carentes de luz que buscan aferrarse a conciencias permeables. La transmutación, no la resistencia, es la clave para desactivarlas.

El Círculo Electrónico de Protección

Cada ser posee un campo de energía que actúa como escudo natural. Sin embargo, cuando la conciencia se dispersa en preocupaciones y emociones discordantes, este escudo pierde solidez. Saint Germain lo llama el Círculo Electrónico de Protección, una esfera de energía impenetrable que puede ser reforzada con el poder del YO SOY.

Al afirmar: "YO SOY la Presencia que sella mi ser en luz invulnerable", activas este círculo con la autoridad de la energía divina. La clave es sostener esta conciencia sin duda ni temor. Con el tiempo, este escudo se vuelve un campo de vibración constante, regulado por tu voluntad.

Reforzar la Integridad del Campo Energético

Los ataques psíquicos no son intrusiones externas, sino fracturas en el propio campo energético. Cada pensamiento negativo, cada emoción densa, abre espacios donde pueden alojarse influencias externas. La Llama Violeta no repele, sino que llena esos vacíos con su frecuencia elevada, anulando cualquier discordia.

Para reforzar tu protección:

1. Visualiza tu energía como un tejido de luz en perfecta armonía.
2. Decreta con convicción:
3. *"YO SOY la Presencia que satura cada célula de mi ser con fuego transmutador."*
4. Mantén tu vibración elevada, sin dar poder al miedo ni a la duda.

El Manto Ígneo: Protección Constante

Para establecer una defensa impenetrable, decreta:

"YO SOY la Guardia Invencible que protege mi mente, mi cuerpo y mi mundo."

Este manto no es una estructura rígida, sino una vibración activa que se mantiene con la intención consciente.

Técnica de activación:

Al despertar, imagina un círculo de fuego violeta rodeándote. Percibe cómo esta energía pulsa y se expande, desintegrando cualquier influencia discordante antes de que pueda acercarse. Al repetir diariamente este ejercicio, tu campo energético se fortalece y se vuelve autosostenido.

Neutralización de Energías Dirigidas

Cuando una energía densa busca afectarte, recuerda que solo puede hacerlo si encuentra un punto de acceso. La clave está en la transmutación inmediata. Al percibir una influencia externa, gira sobre tu eje mientras visualizas una espiral de fuego violeta que absorbe y disuelve cualquier energía discordante.

Si enfrentas energías más intensas, utiliza la Ley del Espejo:

1. Visualiza un vórtice violeta en tu plexo solar.

2. Imagina que toda energía negativa se transforma en luz antes de regresar a su origen.

3. Afirma con certeza: *"YO SOY la Presencia que transmuta toda sombra en luz pura."*

En este proceso no hay agresión ni resistencia, solo transmutación. Lo que era denso se convierte en claridad, y lo que parecía un ataque se disuelve en comprensión.

Protección de Espacios y Hogares

Los lugares también almacenan energía. Para elevar la vibración de un espacio, puedes realizar un simple ritual de purificación:

1. Dibuja un círculo en el suelo con sal violeta visualizada.

2. Coloca cuarzos programados[29] con el decreto:

3. *"YO SOY la Presencia que armoniza y purifica este espacio."*

4. Camina alrededor del círculo en sentido contrario a las agujas del reloj, liberando cualquier carga energética acumulada.

Este proceso no solo limpia, sino que establece un sello vibratorio que mantiene la armonía en el lugar.

Protección Durante el Sueño

Durante el descanso, la conciencia se expande y puede volverse vulnerable. Para sellar tu energía antes de dormir:

1. Visualiza una red de luz violeta sobre tu cama.

2. Afirma con determinación:

---

[29] La programación de cristales es una práctica esotérica que consiste en imprimir intencionalmente vibraciones específicas, pensamientos o decretos en la estructura molecular de un cristal para que sirva como transmisor y amplificador de esas energías.

3. *"YO SOY la Presencia que protege mi sueño y mi conciencia."*

4. Percibe cómo esta energía forma un capullo de luz que filtra y armoniza cualquier influencia externa.

Este escudo sutil garantiza que cualquier experiencia nocturna sea elevada y constructiva.

Protección de la Tecnología y Comunicaciones

Los dispositivos electrónicos pueden amplificar energías discordantes. Para evitar interferencias, carga tu teléfono y computadora con una intención de protección:

1. Dibuja mentalmente un símbolo violeta sobre la pantalla.

2. Afirma:

3. *"YO SOY la Presencia que armoniza toda energía que circula por este medio."*

4. Visualiza un campo de fuego violeta rodeando el dispositivo, transmutando cualquier vibración discordante.

Este sencillo hábito transforma la tecnología en una aliada en lugar de una fuente de interferencias energéticas.

El Escudo de Llama Violeta: Protección Permanente

Para una protección constante, puedes activar un escudo biomórfico de energía en tu campo áurico:

1. Imagina que tu cuerpo está rodeado por 33 capas de luz violeta.
2. Cada capa actúa en diferentes niveles, disolviendo cualquier influencia externa.
3. Afirma diariamente:
4. *"YO SOY la Presencia invulnerable, en perfecta armonía con la Fuente."*

Este escudo no es solo un mecanismo de defensa, sino una manifestación de tu frecuencia elevada.

Protección para Niños y Personas Sensitivas

Los niños y personas con alta sensibilidad energética pueden beneficiarse de una protección específica:

1. Crea un amuleto de protección, como un pequeño cuarzo violeta cargado con el decreto:

2. *"YO SOY la Presencia que envuelve este ser en luz inquebrantable."*

3. Enséñales a visualizar un campo de luz dorada a su alrededor.

4. Afirma por ellos diariamente:

5. *"YO SOY la Presencia que guía, protege y fortalece."*

Estas prácticas refuerzan su energía y les enseñan a sostener su propia vibración.

Invisibilidad Energética y Protección Avanzada

La forma más elevada de protección no es resistir, sino trascender. Cuando tu frecuencia se alinea con la Llama Violeta, te vuelves invisible para energías discordantes, no porque te ocultes, sino porque tu vibración ya no resuena con ellas.

En momentos de vulnerabilidad, activa el fuego frío[30], un estado vibratorio donde toda influencia negativa se disuelve antes de alcanzar tu conciencia. Para ello:

1. Invoca la Llama Violeta hasta sentirla rodeándote en un estado de calma expansiva.
2. Sostén esta frecuencia sin temor ni tensión.
3. Afirma:
4. *"YO SOY la Presencia que trasciende toda sombra en luz."*

Aquí radica la verdadera protección: en la certeza de que no hay nada que pueda tocar lo que es pura luz.

---

[30] El fuego frío, concepto de tradiciones alquímicas, representa un estado de energía purificadora que no consume ni destruye, sino que transmuta. Opera en frecuencias elevadas que disuelven energías densas sin generar resistencia o conflicto.

Observa a un niño jugando despreocupadamente en la playa. Sin escudos, sin técnicas de protección, sin preocupación por entidades o ataques psíquicos. ¿De dónde viene su seguridad natural? Del estado de presencia total, donde no existe separación entre observador y experiencia. Saint Germain revela que la protección más elevada surge precisamente de esta inocencia restaurada conscientemente. Cuando tu vibración se estabiliza en frecuencias superiores—no por esfuerzo sino por reconocimiento de tu naturaleza luminosa—te vuelves literalmente invisible para energías discordantes. No porque te ocultes o te defiendas, sino porque ya no existe resonancia posible entre tu campo coherente y aquello que opera en densidades inferiores. Esta inmunidad energética natural representa el último nivel de protección: ya no necesitas defenderte de lo que, en tu frecuencia actual, ha dejado simplemente de existir.

15. Salud Física

El cuerpo es un reflejo de las estructuras sutiles que lo sustentan. Cada célula alberga una chispa de luz original, esperando ser activada para restaurar su armonía. La enfermedad es el resultado de patrones energéticos cristalizados en desequilibrio, y la Llama Violeta actúa como un agente de transformación que disuelve estas estructuras en el nivel más profundo. Comprender que el cuerpo físico es la manifestación de planos superiores nos permite intervenir directamente en su restauración, aplicando principios precisos de alquimia espiritual.

La "Presencia YO SOY" como Fuente de Salud y Vitalidad

El secreto de la regeneración está en reconocer a la Presencia "YO SOY" como el principio rector del bienestar. Saint Germain enseña que cada órgano y función corporal responde a la inteligencia divina dentro de nosotros. Para activar este poder, se pueden emplear decretos como:

- "YO SOY la salud perfecta en cada célula de mi cuerpo."

- "YO SOY la actividad armoniosa en todos mis órganos."

- "YO SOY la visión clara y perfecta en mis ojos."

- "YO SOY la audición impecable en mis oídos."

Estas afirmaciones no son solo palabras, sino impulsos vibracionales que reordenan la materia conforme al diseño original de perfección.

Respiración Consciente y Circulación de Energía

La respiración es el puente entre la mente y el cuerpo. Al dirigir la Llama Violeta a través de la inhalación, cada célula se impregna de energía renovadora. Una técnica eficaz consiste en visualizar un flujo luminoso recorriendo el torrente sanguíneo, transmutando impurezas y restaurando la armonía celular. Se puede reforzar el proceso entonando un sonido profundo, como "RAKU", mientras se dibuja con el dedo índice el símbolo del infinito sobre el área afectada, generando un vórtice de sanación.

Saint Germain recomienda sincronizar la respiración con afirmaciones específicas: "YO SOY la energía vital en cada aliento que tomo". Practicar esta técnica diariamente fortalece la conexión con la energía regeneradora interna.

Técnicas de Regeneración Celular

Para procesos degenerativos, se puede emplear la energía de cuarzos estratégicamente colocados en el cuerpo. Estos cristales canalizan la Llama Violeta a nivel celular, facilitando la restauración sin generar desequilibrios. Paralelamente, se decreta: "YO SOY la llama incandescente que disuelve toda imperfección, restaurando mi diseño original aquí y ahora."

La regeneración ósea responde a una técnica específica: durante 12 noches consecutivas, se puede trazar con aceite de loto un símbolo sagrado sobre la zona afectada, visualizando el hueso fortaleciéndose con destellos violetas. Esta práctica acelera el proceso de sanación al nivel cuántico.

Manos como Canales de Energía Sanadora

Las manos pueden dirigir conscientemente la energía curativa. Saint Germain enseña un método para restaurar el equilibrio corporal:

1. Elevar la mano izquierda con la palma hacia arriba para recibir energía.

2. Mover la mano derecha en círculos sobre la zona afectada.

3. Visualizar la energía disipando cualquier bloqueo.

4. Afirmar: "YO SOY la Presencia que transmuta toda imperfección."

Este proceso restablece la armonía energética y acelera la recuperación.

Protocolos para Enfermedades Específicas

En desajustes inmunológicos, se puede fortalecer el timo proyectando luz violeta sobre él mientras se entona la sílaba "MUN" siete veces cada mañana. Esta práctica potencia la capacidad del sistema inmunológico para responder con mayor eficiencia.

Para desequilibrios profundos, los baños con sales naturales y esencias violetas ayudan a liberar memorias celulares asociadas a la enfermedad. Sumergirse en agua con estas propiedades mientras se repiten afirmaciones fortalece el proceso de sanación a nivel multidimensional.

La Resurrección y la Vida: El Decreto Supremo

Jesús dejó una clave poderosa para la regeneración completa: "YO SOY la Resurrección y la Vida". Saint Germain enfatiza que esta afirmación activa la restauración celular y eleva la energía corporal a niveles superiores. Para aplicarla:

1. Repetir tres veces con plena convicción: "YO SOY la Resurrección y la Vida".

2. Sentir la energía elevándose por la columna vertebral.

3. Visualizar cada célula vibrando en perfecta armonía.

Este método revitaliza el cuerpo y restablece su equilibrio natural.

Belleza y Rejuvenecimiento

El proceso de rejuvenecimiento se vincula con la activación consciente de la Llama Violeta en la estructura celular. Para potenciar esta acción, se puede trazar el símbolo de la geometría sagrada sobre la piel mientras se mantiene un estado de respiración pausada.

Decretos específicos pueden acompañar esta práctica:

- "YO SOY la energía radiante que ilumina mi piel y mi cuerpo."

- "YO SOY la Belleza Divina manifestada en cada célula."

Al aplicar estas afirmaciones con intención, la estructura física se reorganiza en su máxima expresión de perfección.

Sanación Integral: Más Allá de la Dependencia Externa

La clave definitiva de la salud es comprender que la enfermedad es una ilusión sostenida por la mente colectiva. Al afirmar: "YO SOY la perfección más allá de toda apariencia", se disuelven patrones de desequilibrio y se restablece la armonía natural del cuerpo.

Saint Germain aconseja reducir progresivamente la dependencia de tratamientos externos, recordando que todo poder curativo proviene del interior. Para quienes aún requieren apoyo físico en su transición, recomienda que, al utilizar cualquier método externo, se declare: "YO SOY la única energía actuando aquí."

Ejercicios Prácticos Para La Salud Física
PROTOCOLO DIARIO DE ARMONIZACIÓN CORPORAL

Propósito: Establecer un flujo constante de energía transmutadora para mantener el cuerpo en su estado óptimo.

Momento ideal: Al amanecer, cuando las células están más receptivas a la programación energética.

Preparación:

- Siéntate con la columna vertebral erguida
- Coloca tus manos sobre tu regazo con las palmas hacia arriba
- Respira profundamente tres veces

Secuencia de decretos:

1. **Activación general**: "YO SOY la Presencia que inunda cada célula de mi cuerpo con Llama Violeta purificadora. YO SOY la Salud Perfecta manifestándose ahora y siempre en este templo físico."

2. **Circulación sanguínea**: "YO SOY la Presencia que carga mi torrente sanguíneo con fuego violeta transmutador. Cada glóbulo se purifica, mi sangre fluye con perfecta libertad llevando vitalidad a cada rincón de mi ser."

3. **Sistema nervioso**: "YO SOY la energía perfecta fluyendo a través de cada nervio de mi cuerpo. La Llama Violeta disuelve toda tensión y restaura la comunicación armoniosa en todo mi sistema nervioso."

4. **Regeneración celular**: "YO SOY la Presencia que active el código perfecto en cada célula. YO SOY la renovación constante, la juventud eterna manifestándose en mi estructura física ahora."

5. **Anclaje y sellado**: "YO SOY la Presencia que sella esta acción perfecta. La Llama Violeta continúa su trabajo de purificación y armonización durante todo este día."

Visualiza una esfera de luz violeta que permanece activa alrededor de tu cuerpo durante las próximas 24 horas.

Técnicas Específicas Para Sistemas Corporales

SISTEMA DIGESTIVO

Técnica del Escáner Violeta

1. Recuéstate en posición cómoda con las rodillas ligeramente elevadas.
2. Coloca ambas manos sobre tu abdomen e inhala profundamente.
3. Visualiza una esfera de luz violeta brillante formándose entre tus manos.
4. Con cada exhalación, observa cómo esta luz ingresa a tu sistema digestivo y comienza a recorrerlo lentamente desde la boca hasta el intestino grueso.
5. Mientras la luz se desplaza, repite mentalmente:

"YO SOY la Presencia que disuelve toda impureza en mi sistema digestivo. YO SOY la perfecta asimilación y eliminación. YO SOY la armonía en cada órgano digestivo."

6. Cuando la luz violeta haya recorrido todo el sistema, visualiza cómo

permanece como un suave resplandor que continúa su trabajo purificador.

Aplicación específica: Realizar durante 7 minutos todas las mañanas en ayunas. Intensificar la práctica durante procesos de desintoxicación o problemas digestivos específicos.

SISTEMA RESPIRATORIO

Respiración Transmutadora

1. Siéntate junto a una ventana abierta o en un espacio con aire fresco.

2. Coloca el dedo índice derecho sobre la fosa nasal derecha, cerrándola suavemente.

3. Inhala lentamente por la fosa izquierda mientras visualizas aire violeta ingresando a tus pulmones.

4. Retén el aire por 4 segundos, visualizando cómo la luz violeta expande y purifica cada alvéolo.

5. Cambia de dedo, cierra la fosa nasal izquierda y exhala por la derecha,

visualizando cómo salen todas las toxinas y energías discordantes.

6. Repite alternando fosas nasales durante 9 ciclos completos mientras decretas mentalmente:

"YO SOY la pureza divina en cada respiración. YO SOY la perfecta función de mis pulmones y vías respiratorias. YO SOY la transmutación de toda impureza en mi sistema respiratorio."

Aplicación específica: Realizar este ejercicio al atardecer para eliminar las cargas energéticas acumuladas durante el día. Durante episodios de congestión o problemas respiratorios, aumentar a 18 ciclos.

SISTEMA CIRCULATORIO Y CORAZÓN

Pulso de Regeneración Cardíaca

1. Siéntate en silencio con la espalda recta y coloca tu mano izquierda sobre el centro del pecho.

2. Sincroniza tu respiración con tu pulso cardíaco, estableciendo un ritmo tranquilo y consciente.

3. Visualiza un fuego violeta que emana desde el centro de tu corazón con cada latido, expandiéndose a través de arterias y venas.

4. Con cada inhalación, atrae luz dorada hacia el corazón; con cada exhalación, proyecta la mezcla de luz dorado-violeta hacia todo el sistema circulatorio.

5. Mientras mantienes esta visualización, recita rítmicamente:

"YO SOY la perfección del latido de mi corazón. YO SOY la flexibilidad y fortaleza de mis vasos sanguíneos. YO SOY la presión sanguínea perfecta y la circulación armoniosa. YO SOY la transmutación de todo patrón hereditario que afecte mi sistema circulatorio."

6. Concluye con tres respiraciones profundas, sintiendo cómo tu corazón irradia bienestar a todo tu cuerpo.

Aplicación específica: Realizar durante 5 minutos al despertar y 5 minutos antes de dormir. Especialmente recomendado para personas con antecedentes familiares de problemas cardíacos o circulatorios.

SISTEMA INMUNOLÓGICO

Escudo Violeta Inmunológico

1. De pie, con los pies separados al ancho de los hombros, eleva tus brazos formando un círculo sobre tu cabeza.

2. Visualiza tu timo (ubicado en el centro del pecho) brillando con una intensa luz violeta dorada.

3. Mientras bajas lentamente los brazos, visualiza cómo esta luz se expande formando un escudo protector alrededor de todo tu cuerpo.

4. Realiza siete respiraciones profundas mientras mantienes la visualización, repitiendo en cada exhalación:

"YO SOY la fortaleza perfecta de mi sistema inmunológico. YO SOY la acción inteligente de mis defensas naturales. YO SOY impenetrable a toda vibración discordante. YO SOY la transmutación de toda memoria celular de vulnerabilidad."

5. Finaliza visualizando cómo este escudo violeta se compacta hasta formar una

segunda piel luminosa que permanece activa todo el día.

Aplicación específica: Realizar este ejercicio al amanecer durante cambios estacionales o períodos de exposición a ambientes de baja vibración. En caso de amenazas a la salud colectiva, realizar tres veces al día.

SISTEMA ÓSEO Y ARTICULACIONES

Tejido de Luz Estructural

1. Recuéstate cómodamente sobre una superficie firme.

2. Comienza por los pies y asciende lentamente, enfocando tu atención en cada hueso y articulación de tu cuerpo.

3. Visualiza cada estructura ósea impregnándose de luz violeta cristalina, como si un líquido luminoso fluyera por el interior de cada hueso.

4. Al llegar a cada articulación, visualízala como un vórtice giratorio de luz violeta que disuelve cualquier cristalización o rigidez.

5. Mientras recorres tu esqueleto, mantén el decreto:

"YO SOY la estructura perfecta de mi sistema óseo. YO SOY la flexibilidad y fortaleza en cada articulación. YO SOY la transmutación de todo mineral mal asimilado. YO SOY la presencia que restaura la densidad y resistencia originales de mis huesos."

6. Al llegar a la coronilla, visualiza todo tu esqueleto resplandeciendo como una estructura cristalina perfecta.

Aplicación específica: Realizar durante 15 minutos tres veces por semana. Especialmente útil después de los 40 años para mantener la densidad ósea y prevenir problemas articulares.

PROTOCOLOS PARA CONDICIONES ESPECÍFICAS

ALIVIO DEL DOLOR

Técnica de la Espiral Transmutadora

1. Identifica el punto exacto de dolor o molestia en tu cuerpo.

2. Coloca la palma de tu mano no dominante a unos centímetros sobre esta área.

3. Con tu mente, dibuja una espiral en sentido contrario a las agujas del reloj que comience en el centro del dolor y se expanda hacia afuera.

4. Visualiza esta espiral como una intensa luz violeta que va absorbiendo el dolor y transformándolo en energía armónica.

5. Mientras mantienes esta visualización durante 3 minutos, repite mentalmente:

"YO SOY la disolución completa de este dolor. YO SOY la causa, el efecto, el registro y la memoria transmutados en luz. YO SOY la restauración de la armonía perfecta en esta parte de mi cuerpo."

6. Finaliza con una respiración profunda, sintiendo cómo el área queda libre de dolor y llena de una sensación de ligereza.

Aplicación específica: Repetir cada 2 horas según sea necesario. No como sustituto de atención médica, sino como complemento energético.

RECUPERACIÓN POSQUIRÚRGICA

Tejido de Regeneración Acelerada

1. Siéntate cómodamente y coloca ambas manos cerca (sin tocar) del área quirúrgica.

2. Visualiza una red de hilos dorados y violetas entrelazándose sobre la incisión o área afectada.

3. Observa mentalmente cómo estos hilos penetran suavemente en los tejidos, regenerando y reconectando las células dañadas.

4. Durante 9 minutos, mantén la visualización mientras repites:

"YO SOY la Presencia que acelera la perfecta cicatrización. YO SOY la restauración del diseño divino en este tejido. YO SOY la transmutación de todo trauma quirúrgico en estas células. YO SOY la disolución de todo riesgo de infección o complicación."

5. Concluye visualizando el área completamente restaurada, como si el tiempo hubiera avanzado hasta el punto de recuperación total.

Aplicación específica: Realizar tres veces al día durante el período de recuperación, preferiblemente al amanecer, mediodía y atardecer.

EQUILIBRIO HORMONAL

Armonización de Centros Endocrinos

1. Siéntate con la columna recta y coloca tus manos en posición de mudra (pulgar e índice unidos) sobre tus muslos.

2. Comienza visualizando una pequeña esfera de luz violeta en la base de tu columna vertebral (glándulas suprarrenales).

3. Lentamente, ve ascendiendo por cada centro glandular: gónadas, páncreas, timo, tiroides, pituitaria y pineal.

4. En cada glándula, observa cómo la luz violeta forma un vórtice que gira, equilibrando su actividad y purificando su función.

5. Al llegar a la glándula pineal, visualiza cómo todos estos centros quedan conectados por un hilo de luz dorada, estableciendo una comunicación perfecta entre ellos.

6. Durante todo el ejercicio, mantén el decreto:

"YO SOY el equilibrio perfecto de mi sistema endocrino. YO SOY la armonía de todas mis hormonas y secreciones. YO SOY la transmutación de todo desequilibrio químico en mi cuerpo. YO SOY la restauración del ritmo natural en todos mis ciclos biológicos."

Aplicación específica: Realizar durante 12 minutos diariamente, preferiblemente durante la luna creciente para potenciar el efecto regenerador.

FORTALECIMIENTO DEL SISTEMA NERVIOSO

Calibración Neural Violeta

1. Recuéstate en un lugar tranquilo y cierra los ojos.

2. Visualiza tu columna vertebral como un canal luminoso de luz blanca perlada.

3. Desde la base de la columna, comienza a ver cómo asciende una corriente de luz violeta que va envolviendo cada nervio en forma de espiral.

4. Siente cómo esta luz penetra en cada vértebra, llega al cerebro y desciende por los brazos y piernas hasta las extremidades.

5. Mientras la luz recorre todo tu sistema nervioso, repite 3 veces:

"YO SOY la regeneración perfecta de cada nervio y neurona. YO SOY la transmisión armoniosa de todos los impulsos nerviosos. YO SOY la calma profunda y la respuesta adecuada de mi sistema nervioso. YO SOY la transmutación de toda tensión, estrés y desgaste neurológico."

6. Concluye visualizando todo tu sistema nervioso brillando como una red de luz violeta cristalina, pulsando con vitalidad.

Aplicación específica: Realizar antes de dormir para regenerar el sistema nervioso durante el sueño. Especialmente útil para personas con alta exposición a estrés, dispositivos electrónicos o ambientes caóticos.

RITUALES ESTACIONALES PARA LA VITALIDAD

RENOVACIÓN PRIMAVERAL

Ritual de los 21 Amaneceres

Durante 21 días consecutivos a partir del equinoccio de primavera, realiza la siguiente práctica al amanecer:

1. De pie, frente al sol naciente, eleva tus brazos en forma de "V".

2. Inhala la luz dorada del sol y visualiza cómo, al entrar en tu cuerpo, se transforma en llama violeta.

3. Siente cómo esta energía disuelve el letargo acumulado durante el invierno y restaura la vitalidad en cada sistema.

4. Durante 7 minutos, mantén esta postura mientras repites:

"YO SOY la renovación completa de mi ser. YO SOY la purificación de todos mis sistemas internos. YO SOY la transmutación de toda energía estancada durante el invierno. YO SOY la vitalidad en acción perfecta en cada célula de mi cuerpo."

Aplicación específica: Este ritual sincroniza los biorritmos con el ciclo ascendente de la naturaleza, preparando el cuerpo para el período de máxima actividad.

ESTABILIZACIÓN OTOÑAL

Ritual del Sello Inmunológico

Durante los 14 días posteriores al equinoccio de otoño:

1. Al atardecer, siéntate en posición de loto o en una silla con los pies apoyados en el suelo.

2. Coloca tus manos sobre tu plexo solar y visualiza un sol violeta girando en ese centro.

3. Con cada respiración, observa cómo este sol violeta envía rayos de luz a los órganos más vulnerables durante la temporada fría.

4. Durante 9 minutos, mantén esta visualización mientras decretas:

"YO SOY la fortaleza perfecta frente a los cambios estacionales. YO SOY la adaptabilidad perfecta de todos mis sistemas. YO SOY la transmutación de toda predisposición a desequilibrios invernales. YO SOY la vitalidad sostenida a través de los ciclos de menor luz."

Aplicación específica: Este ritual prepara el cuerpo para mantener su equilibrio durante la transición hacia la temporada de menor luz solar y mayor exposición a condiciones climáticas retadoras.

PROGRAMACIÓN DE AGUA PARA LA SALUD

ELIXIR DE REGENERACIÓN VIOLETA

Preparación:

1. En un recipiente de cristal transparente, coloca agua pura de manantial o filtrada.

2. Sitúa el recipiente bajo la luz de la luna llena durante al menos 3 horas.

3. Coloca tus manos alrededor del recipiente sin tocarlo y visualiza cómo una intensa luz violeta emana de tus palmas hacia el agua.

4. Mantén esta visualización durante 9 minutos mientras repites:

"YO SOY la carga perfecta de esta agua con la frecuencia de la Llama Violeta. YO SOY la programación de cada molécula para la transmutación y regeneración. YO SOY la activación del poder sanador en este líquido cristalino."

Aplicación:

Bebe un vaso de esta agua programada en ayunas cada mañana, visualizando cómo cada sorbo libera la energía transmutadora en todo tu cuerpo.

Para potenciar su efecto en órganos específicos, añade el decreto correspondiente antes de beber:

- Para el hígado: "YO SOY la purificación perfecta de mi hígado y su restauración al estado ideal."

- Para los riñones: "YO SOY la limpieza completa de mis riñones y vías urinarias, restaurando su función perfecta."
- Para el sistema linfático: "YO SOY la fluidez perfecta de mi sistema linfático, disolviendo y eliminando toda toxina."

DECRETOS ESPECÍFICOS PARA SITUACIONES DE EMERGENCIA

PRIMEROS AUXILIOS ENERGÉTICOS

Para detener hemorragias:

"YO SOY la Presencia que detiene este flujo sanguíneo ahora mismo. YO SOY el sellado perfecto de estos vasos. YO SOY la coagulación inmediata y la regeneración instantánea."

Visualiza intensamente una luz violeta brillante formando un sello sobre el área afectada.

Para aliviar quemaduras:

"YO SOY el enfriamiento inmediato de este tejido. YO SOY la transmutación del dolor en esta área. YO SOY la regeneración perfecta de cada célula afectada por el calor."

Visualiza una bruma violeta fresca cubriendo la zona quemada, extrayendo el calor y restaurando la piel.

Para contrarrestar intoxicaciones:

"YO SOY la neutralización inmediata de toda sustancia nociva en mi cuerpo. YO SOY la Presencia que transmuta todo elemento tóxico ahora. YO SOY la restauración del equilibrio perfecto en todos mis sistemas."

Visualiza un remolino violeta recorriendo tu sistema digestivo y sanguíneo, absorbiendo y transmutando todas las toxinas.

RECALIBRACIÓN DEL CAMPO ELECTROMAGNÉTICO

Propósito: Restaurar la integridad del campo energético que rodea y penetra el cuerpo físico, especialmente después de exposición a radiaciones electromagnéticas intensas.

Técnica del Escudo Áurico:

1. Siéntate en un espacio natural, preferiblemente con los pies descalzos sobre la tierra.

2. Respira profundamente mientras visualizas tu campo energético como un huevo luminoso que te rodea completamente.

3. Observa cualquier área oscurecida, fragmentada o debilitada en este campo.

4. Invoca un rayo violeta que desciende desde arriba y comienza a tejer un nuevo patrón en estas áreas dañadas.

5. Durante 12 minutos, mantén esta visualización mientras decretas:

"YO SOY la restauración perfecta de mi campo electromagnético. YO SOY la transmutación de toda interferencia tecnológica en mi sistema energético. YO SOY la integridad impenetrable de mi escudo áurico. YO SOY la armonización de mi frecuencia con el pulso natural de la Tierra."

Aplicación específica: Realizar este ejercicio semanalmente si vives en entornos urbanos con alta densidad de emisiones electromagnéticas, o después de viajes en avión, estancias hospitalarias o exposición prolongada a pantallas o equipos electrónicos.

Parte V: Nivel avanzado

16. Manifestación Rápida

Combinar la Llama Violeta con la Ley de Atracción.

La combinación de la Llama Violeta con la manifestación consciente sigue un principio esencial: toda creación requiere una transformación previa. Este fuego sagrado no solo disuelve cargas kármicas, sino que también elimina bloqueos subconscientes que impiden la materialización inmediata de los deseos. Saint Germain enseñó que la Llama Violeta alberga patrones energéticos que reorganizan el campo áurico, amplificando la intención y acelerando la manifestación con la velocidad de un relámpago.

El Poder Precipitador del "YO SOY"

El secreto de la manifestación reside en la Presencia "YO SOY". Saint Germain lo expresó con claridad:

"YO SOY el Principio vital en mi cuerpo, la Inteligencia que gobierna el Universo. Cuando deseo precipitar algo, sé que 'YO SOY' el Poder actuante, la Inteligencia dirigente y la Sustancia utilizada. Ahora lo traigo a la manifestación visible para mi uso."

Meditar en esta afirmación libera la ansiedad y permite entrar en el proceso con confianza. El principal desafío para quienes practican la precipitación es el dinero, pero al reconocer el "YO SOY" como fuente de toda provisión, se trascienden los límites impuestos por el mundo material.

Cuando desees atraer algo a tu realidad, declara con certeza:

"YO SOY la Precipitación y la Presencia Visible de lo que deseo, y nada ni nadie puede interferir en ello."

Este decreto activa una ley inquebrantable del universo, asegurando que la manifestación ocurra sin obstrucciones.

Neville Goddard enseñaba que asumir el estado del deseo cumplido abre puertas a nuevas realidades. Sin embargo, si la mente aún guarda registros de carencia, la manifestación se ve distorsionada. La solución es visualizar la meta envuelta en la Llama Violeta mientras se decreta:

"YO SOY la encarnación de esta bendición, ya existente en la eternidad. Toda resistencia se consume en la llama sagrada, aquí y ahora."

Esta práctica elimina memorias de fracaso incrustadas en la conciencia celular, transformando la Ley de Atracción en un proceso de manifestación pura e imparable.

El Deseo y la Atención: Claves de la Creación

El deseo sostenido por la atención dirigida se convierte en fuerza creativa irresistible. Cuando fijas tu atención en algo, le otorgas el poder de manifestarse en tu vida.

Saint Germain insiste en que al tomar plena consciencia de la Presencia "YO SOY", cualquier deseo puede hacerse tangible. La firmeza en esta certeza es fundamental, pues el cuerpo es el templo donde se precipitan las realidades.

Un decreto clave para reforzar esta conexión es:

"YO SOY la manifestación perfecta ahora."

Cuando afirmas esto, activas una fuerza que moviliza el universo a tu favor.

Los iniciados de la antigüedad usaban espejos líquidos iluminados por luz violeta para proyectar sus metas, alineando su frecuencia cardíaca con el ritmo de sus decretos. Hoy en día, esta técnica se traduce en la creación de un "espacio cuántico" diario:

- Dedicar 13 minutos al amanecer a visualizar el deseo cumplido.
- Imaginar círculos de luz violeta pulsando en el tercer ojo.
- Inhalar aceite de loto para estimular la glándula pineal.

Este proceso graba la imagen mental en el subconsciente, eliminando viejas estructuras que sostienen realidades limitantes.

Técnicas para Acelerar la Manifestación

Un método avanzado combina la "escalera de Goddard" con la transmutación violeta: cada escalón representa un nivel de conciencia a purificar antes de avanzar. Al visualizar el deseo en la cima, se envuelven los peldaños en llamas que disuelven creencias limitantes. Al alcanzar la cima, se activa un vórtice en el corazón mediante el mantra "RAUM"[31], consolidando la nueva realidad.

Los textos de Alejandría mencionan el "espejo ardiente": frente a un espejo cubierto con tela violeta, se pronuncian decretos mientras se visualizan llamas reflejando la manifestación en todas las líneas temporales. Este método aplica

---

[31] RAUM es un mantra que combina el poder de RA (sol, fuego creador), AU (puente entre mundos) y M (consolidación material). Su vibración crea un campo unificado que armoniza las dimensiones superiores con el plano físico, facilitando la manifestación tangible.

el principio de entrelazamiento energético: al eliminar resistencias en un nivel, se armonizan simultáneamente todas las realidades paralelas.

Para acelerar resultados, Saint Germain recomienda afirmar:

"YO SOY la Presencia activa y visible de esto que deseo, ya manifestado."

Este decreto disuelve toda duda, permitiendo que la manifestación se concrete con rapidez.

Cuando se requiere una manifestación urgente, se emplea el "protocolo del relámpago diamantino":

1. Escribir el deseo en papel de seda con tinta magnética.

2. Quemarlo en un cuenco con polvo violeta mientras se canta "IGNIS" 33 veces.

3. Esparcir las cenizas formando el símbolo del infinito.

Las cenizas magnetizadas sirven como anclas energéticas, atrayendo las circunstancias necesarias en menos de 72 horas.

El Poder de la Expectativa

La expectativa es un imán que acelera la manifestación. Saint Germain explica que cuando esperamos algo con gozo, nuestra energía lo atrae con mayor rapidez.

Para fortalecer esta actitud, visualiza tu deseo como un paquete que ya ha sido enviado y que llegará en cualquier momento. Siente la certeza de su cumplimiento y deja que la emoción de la expectativa impulse su manifestación.

Antes de dormir, utiliza la siguiente técnica para consolidar tu realidad deseada:

- Visualiza la escena cumplida mientras una espiral violeta[32] gira en tu plexo solar.

- Decreta: "Cada célula de mi ser vibra en la frecuencia de [deseo], todo lo

---

[32] Las espirales son patrones geométricos fundamentales en la naturaleza que representan evolución y transformación. En trabajo energético, una espiral visualizada en rotación genera un vórtice que acelera la transmutación y facilita el movimiento entre dimensiones.

contrario se consume en el fuego sagrado del YO SOY."

Este ejercicio borra dudas en el nivel más profundo de la conciencia, permitiendo que la creación fluya sin interferencias.

Liberarse de la Limitación del Tiempo

Para manifestar sin demora, es crucial soltar la idea de "cuándo" ocurrirá. Saint Germain insiste en que el tiempo es una construcción mental y que en la Presencia "YO SOY", la manifestación es instantánea.

Afirma con convicción:

"YO SOY la manifestación instantánea de todo lo que deseo, libre de limitaciones de tiempo o espacio."

Esto libera cualquier resistencia que pudiera retrasar la materialización.

En la antigüedad, los místicos del desierto usaban arenas programadas con energía violeta para influir en el campo colectivo. Hoy, esto puede replicarse exponiendo sal del Himalaya a frecuencias específicas mientras se medita en la manifestación.

Precisión en los Decretos

La manifestación responde a la claridad. La Presencia "YO SOY" obedece decretos precisos, por lo que cada afirmación debe formularse sin ambigüedad.

Un decreto poderoso para garantizar exactitud es:

"YO SOY la Manifestación Precisa y Perfecta de [deseo]."

Para eliminar interferencias energéticas, se puede complementar con:

"YO SOY la Ley del Perdón y la Llama Transmutadora consumiendo todo lo que pudiera obstaculizar esta manifestación perfecta."

La Llama Violeta acelera este principio: *"No atraes lo que quieres, sino lo que eres."*, eliminando todo lo que no vibra con tu verdadera naturaleza.

"YO SOY la Opulencia Infinita fluyendo libremente en mi vida."

17. Activación Del Cuerpo De Luz (Merkaba)

El cuerpo de luz, también conocido como Merkaba, es una estructura energética que siempre ha existido dentro de nosotros. No se construye, se recuerda. Su patrón geométrico, inscrito en nuestra esencia, se reactiva cuando nuestros canales energéticos han sido purificados y sintonizados con frecuencias más elevadas. La Llama Violeta juega un papel fundamental en este proceso, disolviendo bloqueos y permitiendo que los campos energéticos masculino y femenino giren en armonía hasta alcanzar velocidades que trascienden la materia.

La Presencia "YO SOY" como Fuente de Iluminación

Todo comienza con la conciencia de que la Presencia "YO SOY" es la esencia pura de la luz en nosotros. Como enseñó Saint Germain: "YO SOY la luz que ilumina cada célula de mi ser".

Este no es un concepto abstracto, sino una verdad operativa que reestructura la vibración de nuestras células, llevándolas a resonar con su contraparte etérica.

El cuerpo físico es el templo donde se manifiesta esta energía. Cada vez que afirmamos con convicción "YO SOY la Presencia iluminadora", estamos activando nuestra verdadera naturaleza lumínica. La expansión comienza en el cerebro, sede de la conciencia superior, y se irradia por todo el sistema energético, transformando cada átomo en su estado más puro. La luz no se busca fuera, sino que se permite brillar desde dentro.

Técnica para la Activación del Merkaba

Un método eficaz para este despertar consiste en visualizar dos tetraedros entrelazados dentro del cuerpo. Uno, irradiando luz dorada desde la corona hasta los pies, y el otro, emanando plata líquida desde la base de la columna hacia el cielo. Con respiraciones rítmicas en ciclos de 18 segundos—inhala por la fosa nasal izquierda, retén la energía descendiendo por el cuerpo y exhala suavemente por la boca—se activa un campo vibratorio que disuelve los límites entre la materia y el espíritu.

Este proceso purifica los filamentos energéticos del ADN y reconfigura nuestra estructura interna a través del mantra "YA-HA-VA", una fórmula vibratoria en sintonía con los códigos de ascensión.

Etapas del Despertar del Merkaba

La activación del Merkaba sigue un camino preciso, reflejo de procesos alquímicos universales. No ocurre de inmediato, sino en fases definidas:

1. Semilla Estelar: Durante esta etapa inicial, que dura aproximadamente siete ciclos lunares, el campo energético comienza a emitir destellos geométricos, aunque de manera intermitente. Es

un periodo de observación y sensibilidad, donde la clave es la paciencia y la estabilidad mental.

2. Ensamblaje: Aquí, las geometrías comienzan a estabilizarse y el campo electromagnético personal se reorienta. Pueden presentarse cambios en los ritmos de sueño, aumento en la sensibilidad energética y modificaciones en la percepción sensorial.

3. Ignición: Es el momento en que la estructura energética comienza su primera rotación sostenida. Es crucial mantener un estado vibratorio armónico, ya que pensamientos y emociones discordantes pueden interferir con el proceso.

4. Aceleración: La velocidad de rotación del Merkaba aumenta progresivamente, siguiendo patrones de proporción áurea que sincronizan el campo energético con los ritmos del universo.

5. Cristalización: En esta fase, el Merkaba se estabiliza como una estructura permanente y autónoma, anclada en el ADN energético.

6. Fusión Crística: Aquí se trasciende la individualidad del Merkaba y se expande hacia la conexión con el campo planetario y galáctico. La conciencia deja de percibirse como un punto aislado y comienza a integrar la totalidad del cosmos.

Convertirse en un Canal de Luz

A medida que el Merkaba se activa, la persona se convierte en un imán para corrientes de luz superiores. Este proceso ocurre porque sostener la atención en la Presencia "YO SOY" eleva la vibración de todo el sistema energético. Como señala Saint Germain: "El estudiante que se mantiene indiviso dentro de esta Presencia es afortunado".

Este magnetismo es real en los planos sutiles y se intensifica con el decreto: "YO SOY la Presencia que atrae toda luz a mi ser y la irradia como un Sol". Al hacerlo, no solo se transforma el individuo, sino que se convierte en un foco de radiación que contribuye a la evolución colectiva.

Merkaba Colectivo: Geometría de la Unidad

Las antiguas tradiciones comprendieron que la ascensión no es un proceso individual. Los escritos esenios, por ejemplo, describen ceremonias donde grupos de iniciados generaban un Merkaba colectivo con capacidades superiores.

Las escuelas pitagóricas también practicaban configuraciones geométricas grupales que estabilizaban el campo energético del planeta. En Egipto, sacerdotisas de Hathor usaban el Merkaba colectivo para armonizar las aguas del Nilo, y los chamanes mayas empleaban formaciones fractales para influir en los ciclos climáticos.

Hoy en día, este conocimiento se está redescubriendo. Grupos de meditadores sincronizados en distintas partes del mundo han generado anomalías mensurables en la resonancia del planeta. La activación de un

Merkaba planetario es un paso fundamental para la expansión de la conciencia global.

Expansión Celular y Conciencia Multidimensional

A medida que el cuerpo de luz se activa, la vibración celular se acelera, volviéndose más refinada. Saint Germain lo describe con precisión: "YO SOY la aceleración de las células de esta estructura cerebral, causando que se expanda y reciba la Dirección Inteligente de la Presencia Interna".

Este proceso de refinamiento se apoya en la nutrición consciente, el uso de minerales específicos y la práctica de sueños lúcidos como herramienta de exploración Inter dimensional.

El Merkaba y las Dimensiones Superiores

Cuando el Merkaba está plenamente activado, se convierte en un puente hacia dimensiones más elevadas. La Quinta Dimensión es el primer umbral, donde la linealidad del tiempo colapsa y la realidad se percibe como un continuo de posibilidades simultáneas.

Para ingresar en la Sexta Dimensión, el Merkaba debe girar en tres ejes simultáneamente, permitiendo la interacción con las matrices causales[33] de la creación. En la Séptima Dimensión, los tetraedros geométricos se funden en una esfera perfecta de luz dorada, señalando la disolución de la dualidad.

Más allá de la Novena Dimensión, la geometría misma desaparece, dando paso a estados de conciencia donde la luz y el sonido son las únicas estructuras perceptibles.

La Palabra Hablada como Llave de Iluminación

---

[33] Matrices causales: Estructuras energéticas que contienen los patrones primordiales de toda manifestación. Constituyen los moldes originales desde donde se proyectan las realidades físicas y las experiencias en dimensiones inferiores.

El decreto consciente es una herramienta fundamental para la activación del cuerpo de luz. No se trata solo de palabras, sino de comandos vibracionales que reconfiguran la energía.

Para acelerar la transformación, Saint Germain recomienda afirmar: "YO SOY la iluminación visible en este cuerpo ahora". Con esta declaración, la luz latente en la estructura celular comienza a manifestarse de manera tangible.

18. Transmutación Colectiva

Sanar conflictos globales enviando Llama Violeta a zonas en guerra

Las guerras reflejan memorias ancestrales sin resolver, atrapadas en el inconsciente colectivo, repitiéndose como ciclos de sufrimiento donde las mismas almas protagonizan distintos bandos. Para desmantelar estos patrones de hostilidad, es necesario actuar en el plano etérico, disipando la carga energética que los alimenta. La Llama Violeta permite intervenir en este nivel, desintegrando los campos psicoemocionales que sostienen los conflictos. Saint Germain enseñó que todo enfrentamiento en la Tierra tiene su contraparte en dimensiones sutiles, donde los traumas se repiten hasta ser liberados por la acción consciente de la luz.

La técnica esencial consiste en visualizar el conflicto como una masa oscura sobre el mapa geopolítico y proyectar sobre ella un vórtice de fuego violeta que la absorba y descomponga. Con cada giro, se disuelven capas de resentimiento acumulado mientras se afirma: "YO SOY la disolución de toda separación. Esta Llama consume las raíces del conflicto en todas las líneas del tiempo, aquí y ahora". Civilizaciones antiguas como Babilonia empleaban métodos similares con espejos de obsidiana para desactivar tensiones bélicas, logrando que los ejércitos depusieran sus armas sin una causa visible.

La Fuerza del Pensamiento Colectivo

La mente humana tiene el poder de moldear la realidad. Saint Germain explica que "YO SOY el pensamiento y el sentimiento creador perfecto presente en todas las mentes y corazones del mundo". Esta afirmación, más que una idea, es una activación energética que reprograma el inconsciente colectivo. Al pronunciarla con plena intención, su vibración se expande más allá del individuo, sembrando armonía en el tejido mental de la humanidad.

Este principio funciona porque la conciencia es un campo unificado. Al nutrirlo con pensamientos de paz, se generan ondas de resonancia capaces de transformar la experiencia colectiva. Su impacto se multiplica cuando muchas personas sostienen la misma intención simultáneamente, creando una red vibratoria que armoniza incluso zonas de alta densidad emocional.

Nodos Energéticos y su Influencia en la Sanación Planetaria

El planeta posee un sistema de puntos energéticos donde se concentra su flujo vital. Estos nodos geomagnéticos, conocidos desde tiempos antiguos, amplifican cualquier impulso vibratorio que se les imprima. Para la transmutación de conflictos, es clave trabajar en estas áreas estratégicas. Regiones como Medio Oriente coinciden con cruces de líneas energéticas, lo que explica la intensidad de sus dinámicas históricas.

Escuelas iniciáticas como la de los Esenios identificaban estos patrones y establecían anclajes de paz mediante cristales y decretos sagrados. En la actualidad, los trabajadores de la luz pueden reforzar estos puntos con visualizaciones, afirmaciones y el uso de la Llama Violeta, reconfigurando el campo energético planetario hacia una frecuencia más armónica.

La Influencia de los Rayos Cósmicos

Saint Germain revela que en este momento la Tierra está recibiendo poderosas corrientes de energía sanadora, enviadas desde esferas superiores para acelerar la evolución de la humanidad. Estas fuerzas, dirigidas por los Maestros Ascendidos, crean una protección sin precedentes para quienes se alinean con ellas conscientemente.

Aquellos que se sintonizan con estos Rayos, especialmente a través de la Llama Violeta, pueden convertirse en transmisores de esta energía restauradora. Un decreto clave para potenciar este flujo es: "YO SOY la Presencia recibiendo, amplificando y transmitiendo los Rayos de Sanación a toda la humanidad, especialmente a las zonas en conflicto". Esta afirmación canaliza las corrientes de luz hacia donde más se necesitan, fortaleciendo su acción.

Arquetipos Colectivos y su Transformación

La Llama Violeta no solo actúa sobre eventos físicos, sino también sobre los patrones mentales profundos que los originan. Los arquetipos colectivos son estructuras invisibles que moldean el destino de sociedades enteras. Al intervenir en este nivel, se pueden transformar las causas fundamentales de la discordia.

Un método avanzado consiste en trabajar en sincronía con otros practicantes, formando una red planetaria donde cada participante visualiza su propio cuerpo de luz enlazado a un entramado de Llama Violeta. Esta acción coordinada genera pulsos vibratorios que disuelven cargas bélicas y restauran el equilibrio.

Cooperación entre Practicantes

El efecto de la transmutación colectiva se potencia cuando los practicantes trabajan en conjunto con una intención unificada. Saint Germain explica que cuando un grupo de personas emplea los mismos decretos con propósito claro, la energía resultante se multiplica. Este principio crea un circuito de bendición mutua, donde cada participante no solo transforma su realidad personal, sino que también contribuye a la elevación del grupo.

Para activar esta sinergia, se recomienda reunirse – física o mentalmente – y decretar en conjunto: "YO SOY la Justicia y Protección Divina actuando en las mentes y corazones de todos los seres". Esta afirmación genera una red vibratoria que favorece la resolución pacífica de conflictos.

Meditaciones Sincronizadas

Las meditaciones grupales enfocadas en la sanación planetaria no son coincidencias, sino expresiones de una conciencia colectiva en acción. Antiguas tradiciones como la esenia comprendían cómo la alineación precisa de mentes sintonizadas podía influir en eventos a gran escala.

Técnicas como la proyección de luz violeta sobre mapas de zonas en conflicto, el uso de cristales programados con patrones geométricos y la entonación de sonidos sagrados han sido utilizadas por diversas culturas para estabilizar regiones afectadas. Estas prácticas siguen siendo eficaces hoy en día, cuando se realizan con intención clara y alineación consciente.

Invocación a Saint Germain y la Hueste Ascendida

Para reforzar cualquier trabajo de transmutación, se puede invocar la asistencia de Saint Germain y otros seres de luz. Él mismo señala que, al tomar conciencia de su presencia, los estudiantes adquieren mayor confianza y fortaleza para actuar.

Las fuerzas que promueven la discordia dependen del miedo y la duda, pero estas energías pierden poder cuando son enfrentadas con determinación. Un decreto de protección eficaz es: "YO SOY el Círculo de Llama Violeta envolviendo [nombre de la región o nación] en armonía y justicia divina". Este escudo energético neutraliza influencias destructivas y fortalece la paz.

Alineación con los Ciclos Cósmicos

El impacto de la Llama Violeta se amplifica cuando su uso se sincroniza con ciclos lunares y solares. Durante la luna menguante, su cualidad purificadora se intensifica, ideal para deshacer ataduras energéticas y patrones destructivos. La luna creciente, en cambio, favorece la regeneración y el fortalecimiento de estructuras sutiles.

Los equinoccios y solsticios son momentos clave en los que la geometría celeste abre portales energéticos. Estas ventanas astronómicas han sido utilizadas desde la antigüedad para actualizar las frecuencias planetarias y realizar trabajos de transmutación a gran escala.

La Expansión Exponencial del Trabajo Colectivo

El poder de la transmutación colectiva crece de forma geométrica. Un grupo sincronizado de 144 personas puede generar una onda vibratoria que afecta a miles. Las civilizaciones antiguas comprendían este principio y lo aplicaban en sus ceremonias, alineando sus prácticas con las configuraciones celestes más propicias.

Para sostener estos efectos, se recomienda formar redes de trabajo continuo, utilizando meditaciones periódicas y activaciones grupales en lugares estratégicos. La transformación global no ocurre solo desde las esferas políticas o económicas, sino desde el nivel más profundo: la conciencia colectiva.

Visualizar el planeta envuelto en la Llama Violeta es una práctica que no solo tiene un efecto simbólico, sino que genera un impacto real en la energía del mundo. Un decreto final para sostener este proceso es: "YO SOY la Magna Presencia envolviendo la Tierra en Llama Violeta, transformando toda discordia en armonía divina".

Parte VI: Integración y testimonios

19. Crear Un Altar Personalizado

Los altares son, cuando son creados con intención consciente, puntos de anclaje entre dimensiones. Más allá de su apariencia física, un altar dedicado a la Llama Violeta establece un canal vibratorio por donde fluyen energías sutiles y corrientes transformadoras. Saint Germain enseñó que los elementos rituales no son simples objetos decorativos, sino herramientas capaces de anclar y amplificar la intención espiritual, convirtiendo un espacio ordinario en un vórtice de manifestación donde la transmutación ocurre de manera tangible y continua.

El altar no es solo un conjunto de objetos, sino un canal de conexión donde confluyen energías sutiles y corrientes de luz. Saint Germain enseñó que los elementos rituales pueden anclar la intención, convirtiendo un espacio en un punto de manifestación. La clave está en elegir con precisión los símbolos y materiales que armonicen con la vibración de la Llama Violeta, amplificando su efecto hasta hacer tangible su presencia.

La Geometría Sagrada del Altar

Comienza con una base de madera de haya sin tratar, un material que facilita la canalización de energías telúricas. Sobre ella, dibuja con carbón vegetal un triángulo invertido atravesado por una espiral áurea, un símbolo que enlaza el altar con los registros de la Fraternidad Blanca. En el centro, coloca un cuenco de cobre con agua de manantial magnetizada bajo la luna llena, flotando en su interior siete pétalos de violeta africana. El cobre potencia la conductividad espiritual del agua, mientras que las flores generan una vibración que armoniza el entorno.

A la izquierda, coloca una azurita en bruto sobre una base de corcho. Este mineral estimula la percepción del tercer ojo y, según antiguas tradiciones, era usado para proyectar hologramas de sanación. A su lado, una pluma de grulla coronada servirá para escribir decretos con tinta de nuez moscada en papel de arroz, fortaleciendo la intención de cada palabra.

El Círculo de Protección

Es esencial establecer un Círculo Electrónico de protección alrededor del altar. Visualiza un anillo de luz violeta brillante rodeando el espacio y declara con determinación:

"YO SOY el Círculo de Protección que sella este altar. Nada discordante puede cruzarlo. YO SOY la Perfección de este espacio sagrado, sostenida y expandida en todo momento."

Saint Germain enfatiza que este escudo energético es real y puede ser fortalecido con la práctica constante.

Elementos Claves del Altar

A la derecha, coloca un péndulo de amatista suspendido en hilo de seda roja, utilizado en tiempos pasados para calibrar líneas de energía terrestre. Detrás del altar, un tapiz con el Caduceo de Hermes bordado en hilo de plata debe orientarse hacia la luz del amanecer, para que la energía matutina reactive sus patrones sagrados.

Incorpora un relicario de ébano con tierra de siete puntos sagrados del planeta, funcionando como un vínculo entre el altar y la conciencia de la Tierra. En la tradición rosacruz, se creía que ciertos minerales podían conectar con las memorias ancestrales del planeta, fortaleciendo la comunicación con planos superiores.

Para representar el elemento fuego, enciende una lámpara de sal del Himalaya con aceite esencial de loto negro y polvo de oro coloidal. Su llama será un portal energético que atraerá corrientes de luz y elevación espiritual.

Activando el Poder del "YO SOY"

Cada elemento del altar actúa como un punto de anclaje para la energía de la Presencia "YO SOY". Para activarlo, utiliza el siguiente decreto:

"YO SOY la Presencia actuando a través de este altar. YO SOY la Llama Violeta viva y presente aquí. A través de este punto, decreto la manifestación perfecta de todo lo que requiero para mi evolución y servicio a la Luz."

Este reconocimiento transforma el altar en un centro de energía que fortalece la conexión con los planos superiores.

La Presencia de los Maestros Ascendidos

Bajo la base del altar, coloca un triángulo de cuarzo ahumado envuelto en seda púrpura y programado con el mantra "VAJRA SATORI".

Este cristal anclará las frecuencias elevadas al entorno físico. Cada luna nueva, purifica el altar con agua de mar solarizada, sincronizándolo con los ciclos cósmicos.

En la parte superior, un espejo de obsidiana pulido con ceniza volcánica debe ubicarse en ángulo de 45 grados. Su reflejo duplicará el campo energético del altar en otros planos sutiles, expandiendo su influencia.

Si incorporas una imagen de Saint Germain o cualquier Maestro Ascendido, estarás estableciendo una conexión vibratoria con su conciencia. Saint Germain enseñó:

"Cuando aceptas plenamente el 'YO SOY' como la Magna Presencia en acción dentro de ti, habrás dado un paso definitivo hacia la liberación."

Ritual de Consagración

Para consagrar el altar, traza en el aire el símbolo de la rosa mística con una varita de saúco y recita:

"YO SOY el fuego que purifica y renueva. Este altar es un faro de luz guiando a todos hacia la llama interior."

Algunas escuelas antiguas mencionaban que, cuando un altar estaba correctamente activado, su campo de energía se volvía perceptible, incluso generando efectos físicos en su entorno.

Cada día, inicia con una declaración consciente ante tu altar:

"YO SOY la Presencia que llena mi mundo con Perfección. YO SOY la Inteligencia que gobierna mi realidad. YO SOY la Luz que ilumina cada aspecto de mi ser."

Este acto fortalece el vínculo con la energía divina, sosteniendo su influencia en la vida diaria.

La Conexión con los Rayos Cósmicos

El altar sirve como receptor de los Rayos Cósmicos[34] que llegan a la Tierra en esta era. Para alinearte con ellos, declara:

"YO SOY la Puerta Abierta a la Luz Violeta que fluye a través de mí y hacia el mundo. YO SOY el canal de la energía sanadora que se expande en toda la humanidad."

Este trabajo consciente transforma el altar en un punto de irradiación energética, beneficiando no solo al practicante, sino a todos aquellos en su entorno.

Activación Diaria y Evolución del Altar

---

[34] Los Rayos Cósmicos son corrientes de energía que emanan de fuentes universales y llegan a la Tierra en ciclos precisos. Cada rayo porta cualidades específicas que influyen en la evolución planetaria y pueden ser canalizados conscientemente para propósitos espirituales.

El altar no es un elemento estático. En cada equinoccio, reorganiza sus componentes para alinearlo con las energías estelares. Su disposición debe adaptarse a los ciclos cósmicos, permitiendo que evolucione junto con tu propio proceso interior.

Cada noche, antes de retirarte, refuerza su carga energética con gratitud:

"YO SOY agradecido por la Luz que ha fluido a través de este altar hoy. YO SOY la Presencia que sostiene su vibración elevada."

Si deseas expandir su influencia en tu hogar, puedes decretar:

"YO SOY la Presencia que carga este espacio con la Llama Violeta. YO SOY la armonía que transforma cada rincón de mi entorno."

20. Errores Comunes Y Cómo Evitarlos

Sobresaturar energías o usar la llama con ego

Entre la intención pura y la manifestación efectiva existe un territorio sutil donde habitan creencias inconscientes, expectativas desmedidas y resistencias ocultas que pueden desviar o bloquear el flujo de esta energía transformadora. Reconocer estas trampas comunes nos permite establecer una relación más auténtica con el fuego violeta, evitando tanto la frustración como los efectos contraproducentes que emergen cuando su invocación se contamina con motivaciones egóicas.

Saint Germain enseña que toda experiencia es una lección para aquellos que buscan la maestría. Cuando alguien mantiene su atención en la Presencia "YO SOY", las circunstancias que antes parecían obstáculos comienzan a desvanecerse por sí mismas. La transformación auténtica ocurre cuando se afirma con convicción: "YO SOY la Inteligencia Suprema guiando mi mente y mi cuerpo". Con esta declaración, la energía divina toma el control, dirigiendo cada experiencia hacia la armonía.

Sanación Física: Más Allá de los Diagnósticos

Un hombre de mediana edad fue diagnosticado con una enfermedad degenerativa y, en lugar de resignarse, implementó un método propio: cada atardecer sumergía los pies en agua de mar e invocaba la Llama Violeta con un mantra repetido 144 veces. Visualizaba su sistema nervioso regenerándose, como si las llamas transmutaran la enfermedad. Contra todos los pronósticos médicos, hoy lleva una vida activa y documenta su recuperación.

Saint Germain enseña que la sanación es posible cuando se reconoce la perfección innata del cuerpo: "YO SOY la energía pura restaurando cada célula". Una persona que había perdido la visión y la audición aplicó este principio con afirmaciones diarias como "YO SOY la perfecta claridad en mis ojos". Con el tiempo, experimentó una recuperación inesperada que desafió los diagnósticos.

Prosperidad y Abundancia: Materializando una Nueva Realidad

Una empresaria que atravesaba dificultades financieras aplicó principios de manifestación combinados con la Llama Violeta. Utilizó espejos cóncavos y decretos sincronizados, además de incorporar cuarzos programados en sus productos para reforzar la energía de prosperidad en su entorno. En menos de dos años, pasó de la bancarrota a liderar una compañía internacional, demostrando que la abundancia no es cuestión de suerte, sino de alineación con la fuente interna de riqueza.

Saint Germain revela que la verdadera opulencia surge cuando se declara con certeza: "YO SOY la Abundancia fluyendo libremente en mi vida". Un comerciante, tras perder su negocio familiar, aplicó este principio y, en menos de un año, creó una empresa más exitosa que la anterior. La ley es clara: aquello en lo que fijas tu atención con fe debe manifestarse.

Restaurando Relaciones: De la Discordia a la Armonía

Un grupo de hermanos logró resolver décadas de disputas familiares con un ritual de reconciliación. Reunidos en torno a un documento legal, quemaron símbolos del rencor en una fogata de Llama Violeta, permitiendo que el pasado se disolviera. Al día siguiente, decidieron administrar juntos la herencia, transformando el conflicto en un proyecto de beneficio colectivo.

Saint Germain enseña que el amor es la clave para armonizar cualquier vínculo. Una pareja al borde del divorcio comenzó a decretar cada noche: "YO SOY el Amor Divino actuando entre nosotros". En seis meses, su relación se renovó por completo. Al soltar juicios y enfocarse en la luz del otro, permitieron que la armonía se manifestara.

Sanación Mental y Emocional: Rompiendo Cadenas

Un hombre que sufría ataques de pánico desde la infancia encontró en la visualización y el uso de la Llama Violeta una solución inesperada. Durante cada crisis, imaginaba su mente abriéndose como los pétalos de una flor mientras repetía mantras. Con el tiempo, sus síntomas desaparecieron sin necesidad de medicación, y su caso es ahora estudiado en el ámbito de la psiquiatría transpersonal.

Saint Germain enseña que la mente puede regenerarse cuando se afirma: "YO SOY la Mente Clara y Perfecta de Dios". Una persona que padecía depresión aplicó esta práctica y, en pocos meses, no solo sanó su estado emocional, sino que descubrió un talento artístico oculto, transformando su vida por completo.

Despertar Espiritual: El Encuentro con la Luz Interior

Un monje dedicó 40 días a un retiro espiritual donde trabajó con los nombres sagrados de la Llama Violeta. En el proceso, experimentó fenómenos luminosos en antiguos manuscritos, que fueron verificados por expertos en restauración. Su experiencia confirma que la conciencia puede interactuar con la materia de formas insospechadas.

El despertar se acelera con el decreto: "YO SOY la Luz que ilumina mi ser". Una persona en búsqueda espiritual aplicó esta afirmación en sus meditaciones y, un día, percibió su cuerpo como una vibración luminosa. Desde entonces, desarrolló capacidades de percepción que le permiten guiar a otros en su camino interior.

Transformación Comunitaria: Elevando la Conciencia Colectiva

En una comunidad marcada por la violencia, los habitantes decidieron aplicar prácticas toltecas combinadas con la Llama Violeta. Cada luna llena, quemaban simbólicamente armas en una hoguera ritual y tejían mandalas sobre un mapa del lugar. Con el tiempo, la tasa de violencia se redujo drásticamente y la localidad se convirtió en un centro de turismo espiritual.

Saint Germain revela que cuando un grupo decreta con intención elevada, genera un campo de transformación que puede cambiar la realidad. En otro lugar, los residentes comenzaron a declarar: "YO SOY la Justicia y la Protección Divina en esta comunidad". Seis meses después, la criminalidad disminuyó notablemente y surgieron nuevas iniciativas vecinales.

Estos casos no son meras coincidencias, sino el resultado de aplicar un principio universal: la vibración elevada transforma la materia y la conciencia. Como reveló Saint Germain: "El secreto no está en la técnica, sino en la constancia. La Presencia 'YO SOY' debe convertirse en el eje de cada pensamiento".

Quien comprende esta verdad y la practica con determinación descubre que no hay barrera que la Llama Violeta no pueda transmutar. "YO SOY la única Presencia actuando en mi vida" es la llave que abre todas las puertas. En cada historia aquí relatada, la transformación no ocurrió por azar, sino por la aplicación consciente de esta ley universal.

21. Casos De Estudio

Un arquitecto enfrentó el colapso de su matrimonio tras descubrir una traición recurrente. En lugar de quedar atrapado en el resentimiento, aplicó un método de liberación: durante 33 noches, escribió sus emociones en papel de arroz con tinta negra y luego quemó cada hoja en un cuenco de obsidiana, visualizando la Llama Violeta consumiendo la amargura. Al séptimo día, soñó con su expareja en un entorno simbólico de aprendizaje, comprendiendo que su relación era un ciclo no resuelto. Al transformar esta memoria, ambos lograron separarse en paz y hoy colaboran en proyectos de beneficio social, demostrando que el perdón puede reescribir la historia de cualquier vínculo.

Todos los testimonios de cambio comparten un principio común: la comprensión y aplicación de la Presencia "YO SOY" como la única fuente real de poder en cualquier situación. Como enseña Saint Germain: "La conciencia simple de que 'YO SOY la Presencia de la salud perfecta' es este aliento de Dios actuando".

Cuando alguien reconoce que "YO SOY" es la única fuerza operando en su vida, las transformaciones que antes parecían milagrosas comienzan a manifestarse con naturalidad. No se trata de eventos fortuitos, sino del funcionamiento preciso de una ley universal cuando se la emplea con comprensión y constancia.

Un trabajador fue diagnosticado con una enfermedad degenerativa y, en lugar de resignarse, implementó un método propio: cada atardecer sumergía los pies en agua de mar e invocaba la Llama Violeta con un mantra repetido 144 veces. Visualizaba su sistema nervioso regenerándose, como si las llamas transmutaran la enfermedad. Contra todos los pronósticos médicos, hoy lleva una vida activa y documenta su proceso de recuperación.

Saint Germain enseña que la sanación es posible cuando se reconoce la perfección innata del cuerpo: "YO SOY la energía pura restaurando cada célula". Una persona que había perdido la movilidad en sus articulaciones aplicó este principio al decretar: "YO SOY la energía perfecta fluyendo en este cuerpo". Acompañando esta práctica con visualizaciones de la Llama Violeta recorriendo su torrente sanguíneo, experimentó una recuperación que desconcertó a sus médicos.

Una emprendedora pasó de la bancarrota a construir una empresa próspera en menos de dos años. Aplicó principios de manifestación combinados con la Llama Violeta, utilizando espejos cóncavos y decretos sincronizados con visualizaciones de abundancia. Además, incorporó cuarzos programados en sus productos, permitiendo que su entorno energético reforzara la prosperidad. En poco tiempo, logró expandir su negocio a niveles que antes parecían inalcanzables.

Saint Germain revela que la verdadera opulencia surge cuando se declara con certeza: "YO SOY la Abundancia fluyendo libremente en mi vida". Un comerciante, tras enfrentar dificultades económicas, aplicó este principio con el decreto: "YO SOY la Presencia que abre todos los caminos de provisión perfecta". En menos de tres meses, recibió oportunidades inesperadas que le permitieron reorganizar su vida financiera.

Un grupo de hermanos logró resolver décadas de disputas familiares con un ritual de reconciliación. Reunidos en torno a un documento legal, quemaron símbolos del rencor en una fogata de Llama Violeta, permitiendo que el pasado se disolviera. Al día siguiente, decidieron trabajar juntos en la administración de sus bienes, transformando el conflicto en una oportunidad de crecimiento mutuo.

Saint Germain enseña que el amor es la clave para armonizar cualquier vínculo. Una pareja al borde del divorcio comenzó a decretar cada noche: "YO SOY la Presencia del Amor actuando en nuestra relación". En pocos meses, el resentimiento dio paso a la comprensión y su vínculo se transformó completamente.

Una persona que sufría ataques de pánico encontró en la visualización y el uso de la Llama Violeta una solución inesperada. Durante cada crisis, imaginaba su mente abriéndose como los pétalos de una flor mientras repetía mantras. Con el tiempo, sus síntomas desaparecieron sin necesidad de medicación.

Saint Germain enseña que la mente puede regenerarse cuando se afirma: "YO SOY la Mente Clara y Perfecta de Dios". Una persona con un historial de depresión aplicó este principio y, en pocos meses, no solo sanó su estado emocional, sino que descubrió talentos creativos que transformaron su vida.

Un monje dedicó 40 días a un retiro donde trabajó con los nombres sagrados de la Llama Violeta. Durante el proceso, experimentó fenómenos luminosos en antiguos manuscritos, que fueron verificados por expertos en restauración. Su experiencia confirma que la conciencia puede interactuar con la materia de formas insospechadas.

El despertar espiritual se acelera con el decreto: "YO SOY la Luz que ilumina mi ser". Una persona en búsqueda interior aplicó esta afirmación en sus meditaciones y, un día, experimentó una expansión de conciencia que cambió su percepción de la realidad.

En una comunidad marcada por la violencia, los habitantes decidieron aplicar prácticas de transmutación con la Llama Violeta. Cada luna llena, quemaban simbólicamente armas en una hoguera ritual y tejían mandalas sobre un mapa del lugar. Con el tiempo, la tasa de violencia se redujo drásticamente y la localidad se convirtió en un centro de convivencia armónica.

Saint Germain revela que cuando un grupo decreta con intención elevada, genera un campo de transformación que puede cambiar la realidad. En otro lugar, los residentes comenzaron a declarar: "YO SOY la Justicia y la Protección Divina en esta comunidad". Seis meses después, la criminalidad disminuyó notablemente y surgieron nuevas iniciativas vecinales.

Estos casos no son hechos aislados, sino el resultado de aplicar un principio universal: la vibración elevada transforma la materia y la conciencia. Como enseñó Saint Germain: "El secreto no está en la técnica, sino en la constancia. La Presencia 'YO SOY' debe convertirse en el eje de cada pensamiento".

22. Conexión Con Otros Maestros Ascendidos

Kuthumi, Serapis Bey y su sinergia con Saint Germain.

Sinergias cósmicas potencian la evolución planetaria cuando diferentes corrientes de sabiduría confluyen en un propósito unificado. La obra transformadora de Saint Germain no ocurre aisladamente, sino en armónica colaboración con otros Maestros Ascendidos como Kuthumi y Serapis Bey, cada uno aportando una cualidad específica al proceso de transmutación global. Esta alianza trascendental no responde a jerarquías convencionales, sino a un intrincado diseño donde la sabiduría iluminada, la disciplina iniciática y la alquimia espiritual se complementan para sostener el despertar de la conciencia humana en esta crucial transición evolutiva.

Kuthumi, guardián del conocimiento ancestral, impregna la Llama Violeta con la geometría sagrada de la sabiduría eterna. Su energía canaliza los códigos de iluminación que convierten la transmutación en una herramienta consciente de automaestría. Desde tiempos antiguos, sus enseñanzas han sido resguardadas en templos de sabiduría y utilizadas por iniciados para desentrañar los misterios del universo.

Por su parte, Serapis Bey, maestro de la disciplina iniciática, estructura el proceso de purificación, proporcionando los pilares para que la transformación energética se arraigue en la realidad. Su conocimiento sobre la geometría sagrada permite que el fuego alquímico se manifieste en patrones armónicos, asegurando que la energía transmutada fluya sin distorsiones. En las escuelas de iniciación del pasado, sus métodos fueron utilizados para consolidar la evolución del espíritu a través de prácticas de perfeccionamiento interno.

Saint Germain, con su dominio sobre la Llama Violeta, actúa como el catalizador que acelera el proceso de transmutación. Mientras Kuthumi aporta la visión iluminada y Serapis Bey el orden divino, Saint Germain despliega la llama purificadora que libera a la conciencia de sus ataduras kármicas. En la actualidad, esta colaboración sigue viva, manifestándose en prácticas espirituales que combinan el uso de decretos con ejercicios de alineación energética.

El Consejo Kármico y la Llama Violeta

Más allá de esta triada de Maestros, la acción de la Llama Violeta se extiende hasta los dominios del Consejo Kármico, una asamblea de conciencias superiores que supervisa el equilibrio entre causa y efecto en la humanidad. Este consejo, integrado por seres como Pallas Atenea, Portia y Kwan Yin, opera desde un templo etérico donde se deliberan asuntos relacionados con el destino colectivo.

Saint Germain, como guardián del Séptimo Rayo, interviene activamente en estas reuniones, proponiendo medidas para mitigar el impacto del karma colectivo. En momentos críticos de la historia, ha solicitado dispensaciones especiales para liberar vórtices de Llama Violeta sobre la Tierra, equilibrando energías destructivas antes de que se materialicen en eventos catastróficos. Estas acciones siempre se alinean con la ley cósmica y respetan el libre albedrío, asegurando que cada intervención beneficie el proceso evolutivo sin interferir en el aprendizaje natural del alma.

El protocolo para estas intervenciones es meticuloso: Saint Germain presenta un registro detallado de las energías a transmutar, evaluando el impacto de su permanencia y proponiendo un plan de acción alineado con los principios divinos. Solo cuando el consejo alcanza un consenso, se autoriza la activación de corrientes de transmutación que fluyen hacia los puntos más necesitados del planeta.

Lady Portia y el Principio del Equilibrio

Dentro de esta red de energías, la presencia de Lady Portia, complemento divino de Saint Germain, es fundamental. Ella representa la justicia cósmica que garantiza que cada acto de transmutación se realice con armonía y balance. Su función dentro del Consejo Kármico es evaluar qué aspectos del karma pueden ser liberados por gracia y cuáles requieren ser experimentados para asegurar la evolución del alma.

Mientras Saint Germain impulsa el poder dinámico de la Llama Violeta, Lady Portia sostiene el equilibrio necesario para que esta transformación ocurra de manera justa y precisa. Juntos, forman un campo energético que unifica los principios de misericordia y rectitud, permitiendo que la humanidad avance sin atajos ni cargas innecesarias.

La Conexión con los Maestros Ascendidos y la Presencia "YO SOY"

El vínculo con los Maestros Ascendidos no es fruto del azar, sino de la sintonización consciente con la Presencia "YO SOY".

Kuthumi señala que los Maestros se acercan a los discípulos no por solicitud personal, sino cuando estos alcanzan la preparación necesaria para recibir su guía. Esta conexión no es una relación de dependencia, sino un reconocimiento de que estas conciencias iluminadas son expresiones más elevadas de la misma divinidad que reside en cada ser humano.

El contacto con la Hueste Ascendida se fortalece mediante el decreto:

"YO SOY la Presencia preparando el camino y trayendo el contacto visible con los Amados Maestros Ascendidos".

Al invocar esta afirmación con fe y claridad, se abre un canal directo con estos seres, permitiendo que su radiación ilumine el sendero de quien la pronuncia.

Los Elohim y la Arquitectura de la Llama Violeta

El origen más elevado de la Llama Violeta reside en los Elohim Ártico y Victoria, seres cósmicos cuya labor es sostener la estructura vibratoria de este poder transmutador. Mientras Ártico mantiene la visión inmutable de la perfección, Victoria aporta el ritmo que permite su descenso a los planos físicos. Su trabajo es asistido por jerarquías angélicas especializadas en la purificación de energías estancadas en la Tierra.

Al invocar a los ángeles de la Llama Violeta, se puede percibir su presencia en el ambiente, manifestándose como una sensación de frescura y armonía. Decretos específicos permiten establecer esta conexión, visualizando espirales de fuego violeta descendiendo y envolviendo las situaciones o lugares que requieren transmutación.

El Ritual de la Triple Llama y la Activación Interior

La más alta expresión de esta sinergia se manifiesta en el ritual del tridente de luz, donde las energías de Kuthumi, Serapis Bey y Saint Germain convergen en un único foco de poder. En tiempos antiguos, este proceso era reservado para iniciados que se sometían a rigurosas disciplinas espirituales antes de recibir la transmisión de esta energía.

Hoy, esta activación puede realizarse mediante la práctica de visualizaciones y ejercicios específicos que integran la sabiduría, la disciplina y la transmutación en un solo flujo de conciencia. Quienes logran esta conexión profunda reportan una transformación radical en su percepción y en la manera en que experimentan la realidad.

La Maestría Interna y la Trinidad de Luz

El propósito final de la enseñanza de los Maestros Ascendidos es revelar que todo este conocimiento no es externo, sino una manifestación de la propia esencia divina del ser humano. Kuthumi representa la luz de la sabiduría que disipa la ignorancia, Serapis Bey encarna la voluntad firme que sostiene el sendero espiritual, y Saint Germain despliega el fuego que impulsa la transmutación.

El siguiente decreto sintetiza esta comprensión:

"YO SOY la llama que consume, la luz que preserva y el saber que ilumina - trinidad perfecta obrando a través de mi ser unificado aquí y ahora".

Al interiorizar esta verdad, el buscador trasciende la necesidad de guías externos y se convierte en un canal vivo de la conciencia elevada que estos maestros representan.

Cierre

Al llegar al final de este recorrido por las enseñanzas de Saint Germain, te encuentras en la intersección de un conocimiento antiguo y una aplicación contemporánea. La Llama Violeta no es una metáfora poética ni un símbolo abstracto—es una herramienta vibratoria precisa para la transformación consciente que has aprendido a manejar.

A lo largo de estas páginas, hemos desentrañado los misterios que durante siglos permanecieron ocultos en cámaras iniciáticas y textos codificados. La transmutación kármica, la manifestación acelerada, la protección energética, la sanación multidimensional—cada aspecto de este conocimiento sagrado ha sido presentado con claridad práctica, despojado de dogmas y ritualismos innecesarios.

Sin embargo, la verdadera prueba no radica en la comprensión intelectual, sino en la aplicación constante. Cada decreto del "YO SOY" que pronuncias con autoridad, cada visualización de la Llama Violeta que sostienes con determinación, reescribe patrones energéticos en los registros akáshicos de tu ser. La maestría no se mide por lo que sabes, sino por lo que te has convertido.

Algunos lectores habrán experimentado ya transformaciones notables: relaciones sanadas, prosperidad manifestada, salud restaurada. Otros percibirán cambios más sutiles: una mayor claridad mental, una sensación de paz interna, un despertar gradual de capacidades latentes. Lo que determina la magnitud del cambio no son las circunstancias externas, sino la persistencia en la práctica y la profundidad de tu aceptación interior.

El mundo que percibes comenzará a reflejar esta nueva vibración. No porque lo exterior haya cambiado primero, sino porque tu consciencia elevada ahora sintoniza con un espectro diferente de la realidad. Lo que antes parecía inmutable se revela como fluido; lo que se presentaba como obstáculo se transforma en oportunidad de crecimiento.

Conforme integres estas enseñanzas, descubrirás que la Llama Violeta no es solo una herramienta para resolver problemas específicos, sino un estado de consciencia que impregna cada aspecto de tu vida. Ya no invocarás el fuego transmutador solo en momentos de crisis, sino que te convertirás en su expresión viviente, transformando cada espacio que ocupas con tu mera presencia.

La invitación final que te extiendo no es a venerar estas enseñanzas como un sistema de creencias, sino a verificarlas en el laboratorio de tu propia experiencia. La Llama Violeta no requiere fe ciega—demanda aplicación consciente y observación atenta de los resultados. Es un puente entre la ciencia espiritual y la vida cotidiana, entre lo trascendente y lo inmediato.

Fin.

Walter Atkinson